LÉGENDES

ET

TRADITIONS POPULAIRES.

IMPRIMERIE DE E.-J. BAILLY,
Place Sorbonne, 2.

LÉGENDES

ET

TRADITIONS POPULAIRES

DE LA FRANCE;

PAR

LE COMTE AMÉDÉE DE BEAUFORT.

> Hâtons-nous de raconter les délicieuses histoires du peuple avant qu'il les ait oubliées.
> CHARLES NODIER.

PARIS.

DEBÉCOURT, LIBRAIRE-ÉDITEUR,

RUE DES SAINTS-PÈRES, 69.

—

1840.

DÉDICACE.

A MONSIEUR

LE COMTE DE SERMÉSY.

Mon cher cousin,

Les temps d'agitations politiques sont peu favorables aux études et aux publications littéraires. L'écrivain doit se trouver dans certaines conditions qui sont toutes puissantes pour l'enfantement de son œuvre. Le repos est la première de ces conditions; la seconde est l'espérance d'un public attentif et patient qui jugera l'œuvre élaborée avec patience et attention. Notre siècle vit trop vite; il se meut dans un tourbillon trop étourdissant pour que l'on puisse en attendre ces bienveillantes et calmes dispositions. Le temps, la sérénité des impressions, la critique (j'entends la critique consciencieuse) font défaut à l'homme qui écrit comme à celui à qui s'adressent ses ouvrages. Là est tout le secret de cette ardeur qui précipite la littérature dans cette voie où s'épuisent aujourd'hui les intelligences du premier ordre.

Cet état fébrile ne saurait durer. Après cette mêlée générale des faits et des idées, un temps viendra de juste et calme appréciation. En voyant combien est misérable la comédie qui se joue sur la scène politique, les hommes de quelque valeur cesseront de se passionner pour ces luttes impuissantes. La déception amènera le dégoût.

Nous ne sommes peut-être pas appelés à voir s'accomplir ces destinées du monde qui se préparent sous nos yeux ; peut-être ne nous est-il pas donné de goûter le repos qui marquera l'accomplissement d'une nouvelle organisation sociale. Contentons-nous par nos efforts d'en hâter l'avénement ; c'est là encore une assez belle part.

Et puis, dans le rayon où l'on s'agite, on peut s'adresser à quelques esprits qui veulent bien suivre et encourager des efforts modestes, mais consciencieux. On s'isole avec eux, et on aspire à leur sympathie, sans s'inquiéter si leur nombre est restreint, et si l'œuvre par eux accueillie aura un durable retentissement.

Vous m'avez permis, mon cher cousin, de vous compter parmi ces esprits sympathiques ; je suis heureux de vous le rappeler, en plaçant le présent livre sous le patronage de votre amitié. Jusqu'ici je n'ai guère appartenu qu'à cette cohorte militante de la presse qui dépense au jour le jour son énergique activité. Je viens aujourd'hui prendre place parmi ceux qui accomplissent une œuvre souvent aussi éphémère, la publication d'un livre. Car on a beau n'ambitionner que le suffrage du petit nombre, il se peut encore que ce petit nombre vous fasse défaut.

Ce livre que j'ai l'honneur de vous dédier, n'est pas un recueil de contes ; ce n'est pas moi qui oserais me dire conteur : je sais trop ce que cette tâche a de difficile, je sais trop tout ce qu'elle exige d'imagination, d'esprit et de style.

Lorsque la lourde atmosphère des débats politiques eut paru trop pesante aux hommes qui ne sortaient pas de son milieu, il fallut trouver pâture à leur ennui. Le drame et le roman s'épuisèrent en combinaisons ingénieuses pour dérider ces fronts soucieux et malades. Mais, hélas ! ce roi blasé qu'on appelle le public était devenu aussi difficile à amuser que le vieux roi du grand siècle ; histoire et roman, drame et poésie, il rejeta tout d'un pied dédaigneux.

Alors on lui donna des contes, et quels contes? grand Dieu ! On en fit de bleus, de roses, de toutes les couleurs; et même il y en eut qu'on intitula philosophiques. Mais la simplicité du récit, le pittoresque de l'expression, la bonhomie et la naïveté du conteur, qui donc s'en inquiétait ? Celui-ci habillait des héros impossibles des couleurs tranchées d'un monde de convention; celui-là défigurait Hoffmann; cet autre mettait l'histoire en anecdotes, et certes il restait bien au-dessous de l'honnête Mascarille qui la voulait mettre en madrigaux. Je n'en finirais pas si je voulais vous dire ce qu'est devenu le conte par le temps d'exploitation littéraire qui court. Pour comble d'infortune, le feuilleton s'en est emparé; et Dieu sait ce qu'il en a fait : quelque chose sans style, sans couleur, sans grâce, sans vie; une sorte de vêtement élastique qui se prêtait chaque jour aux caprices et aux nécessités du journal.

Je n'ai donc pas voulu marcher dans cette voie; à proprement parler, je n'ai été que l'humble rhapsode des pages que je vous offre : j'ai écrit sous la dictée du peuple, le plus merveilleux conteur qui ait jamais mené à bien un récit, le peuple qui a produit Perrault et les *Mille et Une Nuits*.

Mais voilà, mon ami, que j'ai touché, sans le vouloir, au plus grand problème de notre époque, le journalisme! Cette question est trop vaste pour essayer de la résoudre en passant. Je n'en dirai qu'un mot. Il me semble que jusqu'ici on a demandé trop à la presse, et que ses admirateurs et ses détracteurs ont poussé trop loin l'injure ou l'apologie. Vous avez pu lire les beaux plaidoyers qui ont été publiés pour ou contre ce quatrième pouvoir dans l'État. Ils concluaient tous à une exaltation ridicule ou à une répression impossible. On s'est beaucoup occupé de la presse, assez peu de ceux qui la font; nul n'a cherché à régler la force qui pousse les hommes d'intelligence sur ce terrain brûlant qui dévore.

On le sait : ce n'est ni l'ambition, ni l'amour de la célébrité, encore moins celui de l'art, c'est la nécessité; pourquoi ne pas le dire? la faim. S'en est-on inquiété? Non.

Or, voici ce qui arrive : après une éducation littéraire qui ne répond à rien, le jeune homme se trouve jeté dans le monde sans appui, sans présent ni avenir. Cependant il faut vivre, il faut fournir aux besoins de tous les jours. Alors commence pour lui la lutte la plus effroyable qui se puisse imaginer; il frappe à toutes les portes, et aucune ne s'ouvre pour lui; partout on lui demande du temps ou de l'argent, et il ne peut donner ni l'un ni l'autre.

Il ne peut s'employer qu'à un labeur qui amène à l'instant son salaire. Chaque délai est une heure donnée à l'envahissement de la misère.

Et que l'on ne dise pas : Pourquoi n'accepte-t-il pas quelque emploi modeste qui lui donne ce que la destinée lui a refusé ? Hélas ! là aussi il a échoué. Croyez-vous qu'il y ait beaucoup d'orgueils qui ne soient pas domptés par la fai

Dans cette extrémité, il se fait ouvrier en livres ou en articles, comme parle Chatterton. Sa position n'en est guère meilleure ; là aussi il rencontrera l'encombrement et la foule. Mais le talent et l'énergie le feront triompher ; dites, le savoir-faire. S'il n'en a pas, il se peut qu'il ne meure pas tout de suite de faim ; l'agonie sera plus longue : voilà tout.

Si donc, pour éviter ce triste sort, il livre sa plume à la prostitution qui envahit l'art, si vous le voyez descendre peu à peu au niveau de la médiocrité qui ne laisse rien surnager, oh! ne regardez pas d'un œil de mépris et de dédain ce talent qui se perd! Qui pourrait dire les angoisses, les tortures, les souffrances de toutes sortes par lesquelles il a passé pour en arriver là? Qui pourrait compter les larmes qu'il a répandues à chaque fleur naissante qui s'est flétrie sur son front? Et maintenant que le journalisme l'a étendu sur son lit de Procuste, qu'il a retranché tout ce qu'il y avait dans ce jeune cœur de sève et d'énergie, peut-être qu'encore à chaque fruit arraché avant la maturité, sa plaie se rouvre plus saignante que jamais. Si quelque grand talent échappe à cette mutilation, puisse-t-il raconter l'histoire des génies étouffés, histoire plus lamentable que celle des génies méconnus!...

Vous le voyez, mon cher cousin, il y a plus à plaindre qu'à blâmer dans cet amoindrissement des lettres qui leur ôte tous les jours quelque chose de leur valeur et de leur dignité. Et si, chose inespérée, les hommes qui sont à la tête des affaires avaient le loisir de s'inquiéter d'autre chose que d'y rester, peut-être trouveraient-ils dans cette situation un effrayant sujet de méditations; peut-être trouveraient-ils urgent de régulariser et de protéger l'industrie des lettres, puisqu'il est impossible de nier et d'empêcher que ce ne soit une industrie.

Jeté comme les autres dans cette voie douloureuse, j'ai eu ma part de la plaie commune; et, en vérité, à la vue des misères dont j'ai été témoin, je n'ai pas le courage de me plaindre. J'ai trouvé, d'ailleurs, dans la résignation et l'étude, un remède souverain aux maux qu'enfante le siècle, et qu'il est impuissant à guérir : la résignation élève et affermit l'esprit, l'étude porte en soi cette magnifique récompense de distraire des plus cuisantes douleurs. Hélas!

l'homme est faible et chétif, et Dieu ne lui suffit pas toujours.

Je n'ajouterai rien sur mon livre ; j'ai expliqué le but de mon travail dans les pages qui suivent.

Il ne me reste plus, mon ami, qu'à vous dire tout le bonheur que j'ai éprouvé à écrire votre nom en tête de mon œuvre.

Les sentimens d'amitié et de parenté sont les seuls que notre siècle tende à resserrer. Ce sont aussi les seuls qui, au milieu de l'isolement qui nous envahit, offrent encore les garanties de la durée et de la sécurité.

AMÉDÉE DE BEAUFORT.

Paris, avril 1840.

INTRODUCTION.

⸻✦⸻

DE LA LÉGENDE.

La littérature légendaire occupe une large place dans l'histoire des produits de l'intelligence au moyen âge. D'une part, elle touche aux monumens purement historiques; de l'autre, au roman et à l'épopée. Elle relie l'antiquité païenne aux temps modernes qui datent du christianisme. Quand de nouvelles croyances eurent enfanté un nouvel ordre d'idées, il y eut un mouvement marqué pour s'éloigner des anciennes sources auxquelles puisait l'esprit humain. Seulement, quelque effort qu'il fît, il ne pouvait se séparer violemment de toutes les habitudes et de toutes les idées qui, depuis tant de siècles, étaient maîtresses du monde.

La légende ne fut donc pas un fait spontané ; elle ne constitua pas une littérature *à priori* et sans précédent analogue. A toutes les époques, l'imagination s'était plu à ramasser les élémens épars des fantaisies de chacun. Pour l'antiquité, les traditions avaient formé l'immense théogonie du paganisme. Les Dieux n'avaient pas été placés un beau jour dans l'Olympe avec leurs attributs et leur histoire, l'imagination populaire les avait créés peu à peu, selon qu'elle attachait de l'importance à telle ou telle idée. C'est ainsi qu'elle divinisa toutes les passions, bonnes ou mauvaises, et leur donna pour type l'homme qui les avait le mieux représentées pendant sa vie.

Ramenés à la simplicité de la vérité, les peuples ne pouvaient pas abjurer tout-à-coup ce penchant au merveilleux, qui semble inné à l'homme comme un souvenir de sa grandeur passée et un pressentiment de ses destinées futures. Seulement, cette tendance devait prendre une voie nouvelle ; elle ne pouvait plus faire des dieux, elle fit des saints.

Alors naquit la légende (1). Comme son nom l'indique, la légende (*legenda*) était faite pour

---

(1) Avant d'en présenter une succincte histoire, nous devons dire que nous avons emprunté beaucoup aux savantes leçons de M. Ampère. Nous ne pensons pas que l'on doive recommencer incessamment des études faites avec conscience et talent : la vie de l'homme est courte et son esprit est borné ; il n'avancerait jamais s'il refaisait toujours les travaux déjà faits. Toutefois

être lue. Cette lecture avait lieu soit pendant les offices le jour de la fête des saints, soit pendant les repas. Cela dura ainsi tant que la langue latine seule reproduisit les légendes. Plus tard, la langue vulgaire s'en étant emparée, l'Eglise avait des ménestrels et des jongleurs à ses gages, qui les chantaient aux fêtes des saints et à celles des couvens.

La légende était écrite en latin, puis traduite en langue vulgaire. Mise d'abord en abrégé, elle était étendue et amplifiée, si le saint devenait populaire; elle subissait aussi la transformation contraire; de l'amplification, elle se réduisait au sommaire; elle passait aussi de l'état de poésie à celui de prose, et réciproquement; tant l'activité des esprits était

nous acceptons toute la responsabilité de notre travail; nous avons étendu, resserré, expliqué à notre gré les matériaux empruntés à M. Ampère : en marchant sur les traces du savant professeur, nous n'avons jamais abjuré notre individualité, ni le libre examen de nos études personnelles.

grande, tant ces récits étaient populaires et répondaient aux besoins de l'imagination!...

Cette avidité des esprits prenait sa source dans la bonne foi du narrateur et dans la crédulité de l'auditeur. Cette sincérité est un des premiers caractères de la légende. Le moyen âge n'a rien épargné pour lui conserver ce caractère. Chaque auteur commence par affirmer la vérité de ce qu'il va raconter. Les populations accueillent dès lors avec une respectueuse crédulité ce qui était pour elles un article de foi.

M. Ampère a remarqué avec justesse que la légende avait eu son vrai point de départ dans le monachisme; il l'appelle la poésie des cloîtres, faite par des moines et pour des moines. Qu'il nous soit permis d'observer qu'il ne faut point prendre trop absolument cette observation qui a une grande vérité relative. A côté de la poésie des cloîtres, c'est-à-dire, de la poésie de la portion la plus lettrée du moyen âge, il y a la poésie populaire, qui puisa un immense aliment dans la légende. Partie des cloîtres, elle se répandit parmi la foule qui l'accueillit avec avidité ; jamais le besoin de merveilleux n'avait emporté plus loin les esprits que dans ces temps de barbarie et d'ignorance, où les liens sociaux n'étaient pas encore formés.

Un évêque islandais, au retour d'un long voyage, fut entouré par la foule, au moment où il débarquait ; et là, sans lui donner le temps de se reposer, elle lui fit raconter les merveilles qu'il avait recueillies pendant son absence.

La vie de saint Martin fournit un fait semblable. Sulpice Sévère, historien de ce saint, s'entretenait avec ses amis des principales circonstances de la vie qu'il voulait écrire. Le peuple l'ayant appris, se porta en foule à ses entretiens.

« Comme Gallus allait commencer à parler, la multitude des moines se précipite. Le prêtre Evagre, Aper, Sébastien Agricole, et le dernier de tous, Aurélius, venu de plus loin, arrivent hors d'haleine. Pourquoi, leur dis-je, accourez-vous si subitement, si inattendus, de si bonne heure et de côtés si différens? Nous avons appris, me disent-ils, que Gallus avait parlé hier pendant tout le jour des vertus de saint Martin, et avait remis à aujourd'hui la fin de son récit, que la nuit a interrompu. C'est pourquoi nous nous sommes hâtés de lui former un nombreux auditoire, puisqu'il doit parler sur un pareil sujet. Alors, on annonce que beaucoup de laïques sont à la porte, n'osant entrer, mais demandant à être admis. Il ne nous convient pas, a dit Aper, de recevoir ceux-ci, parce qu'ils sont venus plus par curiosité que par religion. Pour moi, troublé à raison de ceux qu'il ne croyait pas devoir admettre, j'ai obtenu avec peine, une exception pour Euchérius, un des vicaires de l'empereur, et pour le consulaire Celsus. Les autres ont été exclus. Alors, Gallus s'étant assis au milieu de l'assemblée, a commencé en ces termes (1). »

Jugeons ici le rôle important que la légende a rempli pendant les époques désastreuses des invasions barbares. Nous l'avons déjà montrée occupant les loisirs des cloîtres, servant de consolation et de distraction aux maux qui affligeaient la société. Elle fit plus, elle maintint les esprits dans des dispositions favorables aux vérités apportées par le Christ. Les argumens de la haute raison et de la métaphysique des premiers temps du christianisme, n'étaient plus aussi accessibles à des esprits aveuglés par l'ignorance, emportés par les passions les plus

---

(1) Cité par M. Ampère.

brutales, chez qui le sens moral était presque entièrement émoussé. Les récits légendaires étaient une exhortation palpable, pour ainsi dire, la seule qui pût influer sur les barbares. De plus, ils combattaient les vieilles idées du paganisme, et montraient l'élément chrétien triomphant toujours de l'idolâtrie.

Deux des légendaires les plus importans du sixième siècle, expriment formellement cette tendance à faire de la légende un enseignement.

Grégoire de Tours veut que l'on répande les légendes; car, dit-il, le peuple se borne à honorer les saints en proportion qu'il est instruit des merveilles de leur vie.

Saint Grégoire-le-Grand dit en commençant ses dialogues, qu'il se propose de raconter la vie de quelques saints personnages, parce que ce sont les récits qui persuadent le mieux les hommes de son temps. Voici, au reste, tout le début de ses dialogues, qui montre avec quelle gravité il envisageait un pareil sujet.

« Un jour, étant accablé de l'importunité de quelques gens du monde, qui exigent de nous en leurs affaires ce que nous ne leur devons point, je me retirai dans un lieu écarté où je pusse considérer librement tout ce qui me déplaisait dans mes occupations (le monastère de Saint-André à Rome). Comme j'y étais assis, très affligé, et gardant un long silence, j'avais auprès de moi le diacre Pierre, mon ami depuis la première jeunesse, et le compagnon de mes études sur l'Écriture-Sainte. Me voyant dans cette affliction, il me demanda si j'en avais quelque nouveau sujet. Je lui répondis : Ma douleur est vieille par l'habitude que j'en ai formée, et nouvelle en ce qu'elle augmente tous les jours. Je me souviens de ce que mon âme était, dans le monastère, au-dessus de toutes les choses périssables, uniquement occupée des biens célestes, sortant de la prison de son corps par la contemplation, désirant la mort que la plupart regardent comme un supplice, et l'aimant comme l'entrée de la vie et la récompense de son travail. Maintenant, à l'occasion du soin des âmes, je suis chargé des affaires séculières; et, après m'être répandu au dehors par condescendance, je reviens plus faible à mon intérieur. Le poids de mes souffrances augmente par le souvenir de ce que j'ai perdu; mais, à peine m'en souvient-il, car, à force de déchoir, l'âme en vient jusqu'à oublier le bien qu'elle pratiquait auparavant. Pour surcroît de douleur, je me souviens de la vie de quelques saints personnages qui ont entièrement quitté le monde, et leur élévation me fait mieux connaître la grandeur de ma chute. — Je ne sais, répondit Pierre, de qui vous voulez parler, car je n'ai pas ouï dire qu'il y ait eu en Italie des gens d'une vertu extraordinaire, du moins qui aient fait des miracles. — Le jour ne me suffirait pas, reprit Grégoire, si je voulais raconter ce que j'en sais, soit par moi-même, soit par des témoins d'une probité et d'une fidélité reconnues. » Et comme Pierre le priait de raconter ce qu'il en savait, saint Grégoire y consentit, et ce fut le sujet de ses dialogues.

Jusqu'au cinquième siècle, la légende ne constitue qu'une faible partie de la littérature chrétienne. Pendant les premiers âges du christianisme, les faits réduits à leur plus extrême simplicité, suffisaient à la sainte curiosité des peuples de la nouvelle foi. Après les actes des martyrs, sublime procès-verbal des luttes pour la foi, vinrent les vies des Pères du désert, qui se bornèrent aux mêmes élémens. Ce sont ces biographies qui ont donné naissance à la légende.

Toutefois, ce ne fut guère qu'au commencement du sixième siècle qu'elle commença à prendre cette extension qui s'accroît de plus en plus jusqu'à la fin du moyen âge. Alors, la culture de la littérature païenne est presque entièrement abandonnée ; la barbarie amène avec elle l'ignorance et la crédulité ; le monde est livré aux plus affreuses calamités ; l'imagination, ébranlée des catastrophes qui se succèdent, cherche un appui dans de hautes fictions, dans les créations d'un autre monde ; les récits de visions et de miracles se multiplient ; la légende est partout accueillie comme un remède et une consolation aux misères présentes.

Il faut signaler cette différence entre les deux siècles dont nous parlons, que le cinquième siècle était encore fidèle aux traditions de l'antiquité païenne, et que le sixième avait rompu avec elles, et vivait seulement du nouvel ordre d'idées introduit par le christianisme. Le premier était chrétien avec un fond païen, le second chrétien avec un fond barbare. Cette différence est sensible dans la légende, et elle établit nettement la voie dans laquelle celle-ci marchera jusqu'à la formation des temps de la civilisation moderne ; elle est pourtant soumise à certaines restrictions. Dans les transformations des hommes et des idées, rien ne se fait violemment, mais par succession et peu à peu.

C'est donc au sixième siècle que la légende se constitue ; c'est à partir de cette époque que nous allons étudier les phases successives par lesquelles elle a passé. Nous commencerons l'étude des légendes par celles qui ont rapport à la Vierge ; nous viendrons ensuite à celles des vies de saints, qui nous conduiront à la formation de notre langue et de notre littérature.

Le culte de la Vierge Marie a fourni un vaste champ à la légende ; c'est surtout à l'époque du moyen âge que ce culte a acquis tout son développement.

Les premiers siècles du christianisme ne s'étaient pas occupés de la mère du Christ avec autant d'amour. L'hérésie de Nestorius jeta pour la première fois ce nom révéré dans l'arène de la controverse. Le blasphème de cet hérétique qui lui refusait le titre de *Theotokos*, fut le signal de cette ardeur pour son culte qui a son apogée aux beaux temps de la chevalerie.

A cette époque, c'est-à-dire, au milieu du treizième siècle, les esprits étaient tournés vers des idées de pureté idéale, dont ils plaçaient le type dans la mère du Christ. Ce fut alors qu'on lui donna ce nom de Notre-Dame, nom chevaleresque et charmant, où la grâce s'unit à la sainteté. L'art, qui est le reflet des idées dominantes de chaque époque, se voua à l'interprétation de ce culte ; l'architecture modifia pour lui la forme des églises. Dans les nouvelles basiliques, la chapelle du fond fut consacrée à la Vierge.

Toutefois, les plus touchantes et les plus saintes idées peuvent avoir leurs abus. D'indiscrets adorateurs de Marie poussèrent son culte jusqu'au fanatisme; il y a des légendes du moyen âge qui tendent à faire de la Vierge l'égale de son fils. C'était presque un dangereux retour vers l'idolâtrie. L'Eglise, dont la sagesse a toujours su arrêter l'erreur, quelque forme qu'elle prît, modéra cet élan exagéré, tolérant, toutefois, avec bienveillance ce qui ne dépassait pas les bornes de l'orthodoxie. C'est ainsi qu'elle a refusé d'ériger en dogmes les conjectures sur l'assomption et la conception de Marie, conjectures étrangères aux premiers temps du christianisme.

Les Pères de l'Église ne parlent pas de l'assomption de la Vierge; ils expriment le doute de savoir ce qu'est devenu le corps de Marie. Leur opinion est qu'il n'en existe pas de reliques. Il faut arriver à Grégoire de Tours, pour rencontrer l'idée de la croyance qui veut que Marie ait été élevée au ciel corporellement comme son divin Fils. Il est fort possible, au reste, que ce mot assomption ait été mal entendu par Grégoire de Tours. Jusqu'à lui, il n'emportait aucune idée d'élévation matérielle; il signifiait seulement un ravissement de l'âme vers le ciel après la mort, et s'appliquait indistinctement à tous les saints.

Quant à la conception immaculée, l'idée en est encore plus moderne. Saint Anselme évite de prononcer ce mot afin d'éluder la question. Saint Bernard s'exprime plus formellement; il s'élève en termes précis contre l'institution de la fête de la Conception, qu'il appelle *une nouveauté, mère de la témérité, sœur de la superstition, fille de la légèreté.* Cette opposition des hommes de la plus imposante autorité, fit faire un temps d'arrêt à la question jusqu'au quinzième siècle. Les Dominicains et les Franciscains la réveillèrent. Les premiers se prononçaient en faveur de cette croyance ; les seconds la repoussaient. Les uns et les autres voulaient faire un article de foi de leur opinion. Le débat fut violent. Sixte IV refusa de se prononcer ; il se contenta d'excommunier ceux qui, dans l'un ou l'autre parti, prétendaient que l'opinion contraire était un péché mortel. Le concile de Bâle fut plus explicite ; il se montra favorable à cette fête. Le concile de Trente ne maintint pas cette décision, sans toutefois la contredire ; il s'en rapporta au pape Sixte IV. La question en est demeurée là. L'opinion en faveur de la conception immaculée est accueillie comme probable ; elle ne forme pas un article de foi. Cependant l'essor était donné ; l'imagination populaire revêtit de mille formes son enthousiasme pour la glorieuse mère du Christ. En voici quelques exemples :

Au temps de saint Grégoire, il y avait beaucoup de Sarrazins à Rome ; ces mécréans adoraient les idoles. Grégoire ordonna qu'elles fussent transportées sur la place du Colysée. C'est là que s'assemblaient ceux qui s'adonnaient à la lutte et à la palestre. Un jeune lutteur, nouvellement marié, craignant de perdre son anneau d'or pendant cet exercice, l'ôta de son doigt, et le passa à celui d'une statue de Vénus qui se trouvait là. Au même instant, il s'aperçut que la statue avait plié le doigt : il n'y fit pas une grande attention ; mais, quel ne fut pas son effroi, lorsque le soir il vit la statue venir se placer entre son épouse et lui ! L'exorcisme fut impuissant pour chasser l'importune apparition ; la statue prétendait que le jeune homme lui appartenait. Celui-ci, réduit au plus grand désespoir, fut trouver un ermite, qui lui conseilla de célébrer pendant un an l'office de la Vierge. Le jeune époux n'y manqua pas. Au bout du terme fixé, la mère de Dieu lui apparut, et lui enjoignit de lui élever une statue. Le pape ne voulut pas d'abord céder au désir de l'adorateur de Marie. Cependant, elle insista. Le jeune homme fit de ses propres mains l'image qu'elle demandait, et la plaça sur Notre-Dame de la Rotonde. Le jour de son inauguration, pendant que tout le peuple était à genoux, la statue disparut; et, un instant après, elle revint, rapportant l'anneau du jeune homme. Il est inutile d'ajouter que l'apparition fatale cessa de se montrer depuis lors.

Cette légende montre la translation d'une idée païenne à une idée chrétienne; mais ce n'est pas le caractère qui domine dans la plus grande partie de ces inventions. On y remarque un amour et une confiance sans bornes, quelque chose comme l'amour chevaleresque, soumis et dévoué, où la passion se mêle au mysticisme. Nous retrouvons ce caractère dans les récits suivans :

Un moine meurt après une mauvaise vie ; les diables s'emparent de lui. Le damné s'adresse à saint Pierre, dont l'intercession n'offre aucun résultat. Il implore alors Notre-Dame. A sa prière puissante, Dieu renvoie l'âme du moine dans son corps, pour qu'il puisse faire pénitence. Le moine ressuscite, devient un pieux adorateur de Marie, et meurt après une vie pénitente en odeur de sainteté.

Un autre moine, dévoué à Marie, est attaqué de la lèpre. La Vierge le guérit en lui donnant son lait à boire. Un groupe représente ce fait sur une place de Palerme.

Un homme est tenté par le diable : il renie Dieu, mais refuse de renier la Vierge ; il est sauvé.

Une femme vivait livrée à un amour coupable, mais elle n'interrompait pas ses prières à la Vierge. Au bout de dix ans, le diable la croyant perdue, la dénonce au pape. La femme invoque la Vierge, le diable est confondu.

Un chevalier aimait une noble dame dont il ne pouvait obtenir la main. Un saint lui conseille de dire cent cinquante saluts à la Vierge. Cette longue tâche terminée, Marie apparaît au chevalier, et lui demande si elle n'est pas plus belle que la dame qu'il aime. Le chevalier répond qu'elle (la Vierge) vaut cent cinquante mille fois plus. Elle réclame alors de lui cent cinquante saluts par jour. Au bout d'un an, elle enlève son fidèle sectateur.

Un chevalier se rendait à un tournoi. Il entre dans une église, et entend plusieurs messes. Sa dévotion à Marie lui fait oublier l'heure. Comme il sort de l'église, il rencontre d'autres gens d'armes qui le félicitent sur sa bravoure. La Vierge avait combattu pour lui.

Les bandits eux-mêmes sont sauvés par la toute-puissance de la Vierge. Elle soutient un pendu par les pieds; elle arrête le bras d'un assassin prêt à commettre son crime. Les miracles de son intercession se retrouvent toujours et partout.

Ces histoires naïves expriment un amour touchant pour cette illustre protectrice. Cet amour est le type de la pureté infinie, il appartient tout entier au christianisme. La figure divine de la Vierge domine l'époque brutale et grossière du moyen âge. Son culte a tempéré l'austérité des dogmes chrétiens. Tout ce qui le touche respire la candeur de la grâce et de l'amour le plus pur.

Venons aux légendes de saints.

Elles offrent en général deux portions distinctes. La première se compose d'un fond commun, et dont l'agiographe ne s'écarte guère;

la seconde, de détails particuliers au saint et à son siècle.

Le fond commun présente la reproduction constante d'un certain nombre de faits merveilleux appliqués indifféremment à tous les saints. C'est d'abord une vision qui a révélé au saint ses destinées futures, ou bien des signes miraculeux et prophétiques ont accompagné sa naissance. Sa vocation se décide aussi par l'intervention du ciel. Une fois dans la voie de la sainteté, il exorcise les possédés, guérit les malades, ressuscite les morts. Enfin, la mort lui est annoncée par un songe ou par un envoyé du ciel, et sur sa tombe les mêmes miracles viennent rendre indubitable sa sainteté. Les théologiens les plus orthodoxes ont reconnu cette fréquente reproduction de la même donnée; elle est même dans l'ordre naturel des choses. Les saints sont les hommes que leurs vertus, leur caractère et leurs travaux ont rendus les bienfaiteurs de leur siècle. Or, à toutes les époques, les misères de l'humanité sont les mêmes, les passions produisent les mêmes désordres, enfantent les mêmes maux. Seulement, dans les époques barbares qui ont signalé la formation des temps modernes, les maux physiques sont la plaie la plus cruelle de la société. La guerre, la violence, les maladies, les invasions, l'esclavage, tels étaient les fléaux qui pesaient alors sur le monde. Que pouvaient faire ces hommes divins envoyés par le ciel pour faire avancer les peuples dans la voie de la civilisation chrétienne ? Que pouvaient-ils faire, sinon appliquer aux mêmes maux les mêmes remèdes, arrêter les passions furieuses des barbares, briser les chaînes des captifs, guérir les malades, ressusciter les morts, conquérir le monde pièce à pièce sur l'ignorance, la brutalité et la barbarie ?

La grandeur des résultats excuse ici la banalité des détails. Il y a d'ailleurs dans les légendes une portion individuelle pleine d'originalité. Chaque saint est le représentant des mœurs et des idées de son temps ; et à ce titre, les détails de l'agiographie touchent à l'histoire. Les légendes des septième et huitième siècles représentent toute l'histoire et toute la poésie de ces temps.

Parcourir les différens types de la sainteté, c'est raconter les phases successives de la légende.

Les premiers héros du christianisme furent des martyrs ; leur histoire est comme l'épopée de la religion naissante. Après eux viennent les apologistes, qui défendent par la parole ce que les martyrs ont scellé de leur sang. C'est la seconde époque du christianisme, celle que M. de Chateaubriand appelle l'âge philosophique. En même temps se forme une autre génération de saints, je veux parler des anachorètes et des cénobites. Ceux-ci protestent par leur austérité contre les voluptés du paganisme : ils fournissent à la légende de nombreux récits ; et, comme nous l'avons déjà remarqué avec M. Ampère, ils en sont le point de départ.

A côté de ces hommes contemplatifs, viennent se placer les hommes de la vie active, ces grands évêques, ces ouvriers infatigables dont les travaux effraient l'intelligence. Il faut signaler en passant une influence que subirent les hommes de la pensée. L'art de parler et d'écrire était devenu un art puéril, un jeu d'enfant, où les rhéteurs se servaient de mots comme de hochets. La gravité de l'expression avait disparu avec la dignité de la pensée. La rhétorique avait tout envahi.

Une partie des auteurs chrétiens de légendes subit cette influence ; l'autre se jette dans l'excès contraire. Il est très ordinaire de voir l'auteur légendaire protester au commencement de son récit contre la vanité des lettres humaines. Grégoire de Tours s'appelle, à plusieurs reprises, un ignorant; beaucoup d'autres font avec orgueil le même aveu.

Cependant, les barbares font irruption sur le monde. Alors, les grands hommes du christianisme cherchent à arrêter ce torrent, ou au moins à en atténuer les ravages. La légende nous a conservé les traits nombreux de courage et de protection constante des saints contre les barbares; elle nous peint aussi le triomphe des idées nouvelles sur les vieilles idées du monde païen et du monde barbare.

« Il est curieux de voir dans quelques unes des légendes du sixième siècle, soit le paganisme des nations barbares, soit même le vieux paganisme gréco-romain mis en scène pour être vaincu par le christianisme personnifié dans le héros de la légende. Parmi les légendes de la fin du sixième siècle, les plus barbares par le style, et en conséquence le plus complètement séparées de tout antécédent littéraire païen, on doit placer la vie de saint Samson. En traversant une forêt, le saint rencontre une femme vieille et ridée, une espèce de sibylle des religions germaniques, qui, toujours solitaire, toujours furieuse, erre incessamment dans cette forêt profonde, poursuivant avec rage tous ceux qu'elle rencontre. Elle renverse un des compagnons du saint. Celui-ci l'arrête et l'interroge : « Qui es-tu, mauvais fantôme, et quelle est ta nature ? » Et celle-ci, avec un grand tremblement, lui dit : « Je suis Théomaca (c'est-à-dire, celle qui combat contre Dieu). Ma race a toujours été prévaricatrice à votre égard, et maintenant il ne reste plus personne de mon espèce dans cette forêt, excepté moi seule. J'ai huit sœurs et une mère qui vivent encore ; elles ne sont pas ici, car elles habitent plus loin dans la forêt... » Saint Samson lui dit : « Pourrais-tu rendre la vie à mon frère que tu as frappé, ou du moins t'inquiéter du salut de ton âme ? » Elle répond : « Je ne puis devenir meilleure ; je suis incapable de faire une chose bonne, car depuis mon enfance jusqu'à ce jour, j'ai été constamment exercée au mal. — Eh bien ! dit saint Samson, j'implore le Dieu tout-puissant afin que tu ne fasses plus de dommage aux autres ; mais, puisque tu es inexorable, que tu meures à l'instant. » Comme il eut dit ces paroles, la femme se précipitant sur le côté gauche, expira.

« Ainsi, les fantômes de l'ancienne mythologie germanique s'évanouissaient devant le christianisme. Ils sont ici représentés par cette femme, seule de son espèce, dont les sœurs habitent plus profondément dans la forêt, c'est-à-dire, qu'ils sont refoulés toujours plus loin par la civilisation et la religion nouvelle. Théomaca personnifie ce qu'il y avait de paganisme incorrigible dans les imaginations des peuples barbares. Ce paganisme incorrigible doit mourir comme Théomaca meurt à la parole du saint breton.

« Dans une autre légende, la disparition des dernières superstitions barbares en présence du christianisme, est mise dans une singulière relation avec le paganisme antique : c'est encore une femme qui se présente à un saint ; mais celle-ci est le diable en personne. Elle aborde le saint près de la mer, et lui raconte qu'elle a fait naufrage. Dans le récit de son naufrage, elle intercalle très singulièrement cinq vers de Virgile, qu'Énée adresse à Didon à l'occasion de la tempête qui l'a jeté sur les côtes de Carthage. Ce n'est pas sans intention que cette citation profane est mise dans la bouche infernale, dans la bouche de ce démon tentateur, qui finit par se précipiter dans les flots d'où il était sorti. Il s'agit certainement d'une de ces femmes de la mer, d'un de ces génies féminins des eaux, adorés par les anciens peuples germaniques. Eh bien! à ce souvenir des vieilles superstitions germaniques, s'associe curieusement une allusion à la poésie, et, par suite, à la mythologie gréco-romaine. La mythologie germanique et la mythologie gréco-romaine sont ainsi rapprochées et fondues par la légende, pour être frappées du même anathème (1). »

La légende se plaisait plus volontiers aux récits gracieux ; c'est ainsi qu'elle a fait de sainte Geneviève un type charmant. Cette jeune fille protégeant les populations contre l'invasion des barbares, est une personnification complète de la force des idées chrétiennes qui triomphent sans violence et par la seule puissance de la vérité.

(1) *Histoire Littéraire de la France*, par M. Ampère.

Cette intervention de la religion du Christ se retrouve partout dans la légende. Ici, c'est le pape Léon arrêtant Attila ; là, c'est saint Germain protégeant les populations armoricaines livrées lâchement par Aétius au roi des Alains. Enfin, pendant que Clovis fait courber la tête du Sicambre sous l'eau du baptême, saint Marculfe adresse à Childebert ces paroles évangéliques : *Les peuples t'ont fait prince : ne t'élève pas, mais sois un d'eux au milieu d'eux.*

On le voit, dans ces siècles barbares l'histoire de la civilisation chrétienne est tout entière dans la légende, et c'est là qu'il faut aller la chercher. Continuons.

Les barbares devenant de plus en plus maîtres du sol, les idées chrétiennes firent dans leurs rangs de grands et rapides progrès. Eux aussi se passionnèrent pour la nouvelle foi, et l'Eglise les inscrivit sur le livre d'or de la sainteté.

L   INTRODUCTION.

De ce nombre, nous pouvons citer Sigismond le Burgunde, Gontran, sainte Clotilde elle-même. Ils étaient tous livrés aux habitudes barbares, et leur cœur, dompté par la morale du Christ, conserva toujours quelque chose de sa primitive férocité.

L'exaltation des nouveaux convertis eut aussi quelque chose de l'ardente exagération de leurs mœurs. On vit quelques uns d'entre eux donner dans les Gaules les exemples des prodigieuses macérations de l'Orient.

La manière dont les légendes sont écrites à cette époque, témoigne assez de la prépondérance de l'élément barbare ; elles sont dépourvues de toute culture littéraire. Le temps des rhéteurs est déjà loin ; et si on conserve un souvenir des lettres antiques, ce souvenir est si affaibli, qu'il se borne à quelques mots dont la vraie signification est même perdue. Les légendaires ont pourtant des prétentions à la connaissance de l'antiquité ; mais leurs tentatives d'érudition prouvent encore leur ignorance : ils ont beau jeter des paroles de mépris sur les auteurs des beaux siècles de la latinité, leur réprobation établit combien ils veulent encore en paraître préoccupés.

L'auteur de la vie de saint Bavon, voulant faire quelque étalage de science au commencement de sa légende, s'exprime ainsi : « Nous savons qu'Athènes a été la mère de tous les arts libéraux, de toutes les doctrines humaines. Là fleurit anciennement *la langue latine, sous l'autorité de Pisistrate*, et de là découlent tous les arts libéraux que nous avons en partage. Mais, ni l'Hespérie, ni Rome, ni l'Ausonie, qu'il écrit (Ausonius), ne m'ont possédé, engendré, nourri. Tityre ne m'a pas enseigné (je crains bien qu'il ne prenne Tityre pour Virgile). Je ne me suis point appuyé sur les argumens d'Aristote, de Varron, de Démocrite, de Démosthènes et des autres docteurs. Je suis pauvre d'esprit, et chez moi le fleuve des paroles est à sec. Je confesse que je suis très incapable *(inertem)*. Le poids de mon incapacité m'accable, me tire en bas, pendant qu'enflé de ma science, je m'essaie à écrire d'un double style également fragile (1). »

Le triomphe de la barbarie donna naissance aux saints politiques. Les maires du palais appartiennent à cette classe dont nous venons de parler. Les plus remarquables sont saint Léger et saint Ouen.

Saint Léger était maire du palais en Burgundie, et lutta avec Ebroïn, maire du palais en Neustrie. Il renversa son rival, et plaça Childeric II sur le trône. Exilé par celui-ci, il conspira dans l'exil. Childeric ayant été tué, Ebroïn triompha de saint Léger. Assiégé dans Autun,

---

(1) Cité par M. Ampère.

il succomba par une noble action ; il se livra pour ne pas exposer la ville. Ebroïn le fit périr dans d'affreux tourmens.

Saint Ouen est aussi arrivé par sa vie politique aux honneurs de la sainteté. Converti par saint Eloi, il embrassa la vie monastique, et fut consacré évêque le même jour. Il avait voué un culte de touchante amitié à son maître et ami saint Eloi.

Remarquons en passant qu'à cette époque les saints appartiennent presque tous à de nobles familles, ou aux grandes dignités de l'État. Les récits de leur vie commencent presque tous par cette phrase : *Il était de noble extraction; il exerça des fonctions élevées.* Il faut en excepter les saints missionnaires dont nous parlerons tout à l'heure.

Saint Ouen nous a laissé une vie de saint Eloi, qui, lui aussi, mêlé aux orages de la politique, sut se séparer tout-à-fait des habitudes de barbarie que l'on retrouve encore dans les légendes de saints que nous venons de parcourir ; c'est une des plus nobles conquêtes du christianisme sur les habitudes de la barbarie.

« Saint Eloi était né à Limoges, de parens anciennement chrétiens. Venu chez les Francs, il s'attacha au trésorier du roi Clotaire II, et il eut bientôt l'occasion de montrer son grand savoir. Le roi désirait une chaîne d'or ; et saint Eloi, avec l'or qu'on lui donna pour en faire une, en fit deux. Ce fut une sorte de miracle, et ici le merveilleux s'allie à un prodige de l'art ; car celui qu'on appelait l'orfèvre (*auri faber*) fut un véritable artiste. Outre son talent pour fabriquer des meubles et des ornemens, on voit dans un passage de sa biographie qu'il composait des figures pour mettre sur les tombeaux. Saint Eloi nous apparaît dans l'histoire comme le premier type de l'artiste chrétien. Saint Ouen le représente travaillant aux merveilles de son art, qui faisait l'étonnement de ses contemporains, entouré de nombreux élèves qu'il traitait comme ses enfans. La plupart étaient des esclaves qu'il avait rachetés, et avec lesquels il vivait dans une sorte de communauté monastique : c'était un cloître d'artistes. Saint Eloi avait sans cesse la Bible ouverte devant lui pendant son travail, et il ne s'interrompait que pour verser par moment des larmes; « car, dit son biographe, il avait à un haut degré le don des larmes. » Tout annonce en lui l'âme la plus tendre, la plus pure, la plus chrétienne, la plus élevée. « Sa grande dévotion, dit encore son biographe, c'était de racheter des captifs; il en rachetait vingt, trente, quelquefois cinquante, quelquefois cent. Tout ce qu'il gagnait par son admirable industrie, il l'employait à ces pieux rachats. Il se dépouillait de tout, même de ses souliers ; il se volait, il se trompait lui-même pour donner aux pauvres ; et s'il avait un bracelet déjà vendu, et qu'il survînt des captifs à délivrer, il donnait le bracelet, et se faisait lui-même le débiteur de ses débiteurs. » A ceux qu'il avait délivrés, il offrait ou de retourner dans leur pays, ou d'être entretenus à ses frais en Gaule, ou bien, enfin, de demeurer avec lui, et les traitait en frères, recrutant ainsi par sa charité cette école d'art qu'il avait fondée. On racontait sur le saint orfèvre diverses traditions touchantes. Un jour, des prisonniers condamnés à mort pour avoir tué un agent du fisc, furent rencontrés par saint Eloi. Saint Eloi pria pour eux. Alors, un brouillard s'éleva, et une force invisible brisa les gonds et les portes des prisons, les chaînes tombèrent des pieds et des mains des captifs. Ceux-ci s'enfuirent, et se dirigèrent vers une basilique où ils espéraient se réfugier ; mais la basilique était fermée. Un second miracle s'accomplit, et les vitres de l'église se brisent pour leur livrer passage. Enfin, les soldats viennent les chercher, et les emmènent malgré les supplications de saint Eloi. Le saint se remet en prières ; et pour la troisième fois, les coupables sont miraculeusement délivrés ; les liens avec lesquels on les avait attachés de nouveau, se rompent encore une fois. Des miracles de ce genre eurent lieu après sa mort. Un homme que l'on conduisait au supplice, s'approcha du tombeau de saint Eloi ; et à peine l'eut-il touché, que ses chaînes se détachèrent (1).

Arrivés à ce point de l'*Histoire de la Légende*, nous voyons la réaction de l'élément chrétien contre la barbarie grandir de plus en plus. Cette réaction donne naissance à une nouvelle classe de saints, celle des grands missionnaires, dont le but fut le triomphe de la morale

---

(1) *Histoire Littéraire* déjà citée.

évangélique dans toute sa pureté. Saint Eloi, devenu évêque, appartient à cette classe ; il se livra à la prédication des conversions germaniques.

Il est essentiel de rappeler ici que la canonisation de l'Eglise n'existait pas encore à l'époque où nous sommes. L'opinion publique décernait seule la sainteté ; cela explique les aberrations qui eurent lieu pour certains saints barbares peu dignes de ce nom.

A mesure que la civilisation chrétienne eut dissipé les nuages de la barbarie païenne, la légende participa au mouvement qui forma notre langue et notre littérature. Nous n'avons plus à nous occuper des saints, l'Eglise examina leurs titres et les régularisa. Nous rentrons dans des idées purement littéraires.

Arrivé à son apogée, le moyen âge a déposé dans les recueils de légendes tout ce qui l'intéresse. L'immense compilation, connue sous le nom de *Légende dorée*, renferme de nombreux morceaux purement historiques. On trouve dans une autre compilation moins connue, mais encore plus vaste, *Gesta Romanorum*, des histoires chevaleresques, des contes orientaux. Ces genres faisaient même souvent partie de la légende. Elle a été la première forme du cycle épique dont Walther d'Aquitaine a été le héros. Elle a produit pour la vie de saint Georges un véritable poëme de chevalerie. Le sujet prêtait, au reste, beaucoup à l'épopée. C'est encore un souvenir de l'antiquité : un dragon désole le pays; on est obligé, pour le calmer, de lui livrer un tribut de victimes. Le sort tombe sur la fille du roi, qui est livrée au monstre. Cependant saint Georges vient à passer; il s'informe de la cause de ses larmes, et lui offre le secours de son bras. La jeune fille refuse d'abord; elle finit ensuite par accepter. Saint

Georges terrasse le dragon, et le ramène attaché à un bout de sa ceinture. Ce saint nous fournit encore un exemple de la disposition des esprits à choisir dans les idées dominantes de chaque époque les héros de la sainteté. Saint Georges, ce saint chevalier, était encore fêté au quinzième siècle par un tournoi.

La littérature légendaire s'est encore quelquefois emparée de sujets tout-à-fait étrangers au Christianisme. On peut en citer pour exemple l'histoire des sept dormans, racontée par Grégoire de Tours, et restée en circulation parmi les Arabes. On retrouve cette donnée merveilleuse dans l'histoire de *la Belle au bois dormant*.

Ce qui ouvrit encore une nouvelle voie à la légende, ce fut l'étude de la Bible et du nouveau Testament. Jusque vers le douzième siècle, l'Écriture-Sainte était restée dans le domaine des gens d'église. Vers la fin du onzième siècle, la langue vulgaire s'en empara ; et depuis lors les traductions des livres de l'ancien et du nouveau Testament ont toujours été de plus en plus nombreuses.

Il n'entre pas dans le but de ce travail de rechercher quelle influence ces traductions exercèrent sur la littérature moderne ; nous devons examiner seulement quelles modifications elles apportèrent dans la légende.

Les premiers pas de la littérature vers la Bible furent pour s'en emparer et en tirer des sujets de poëmes. Mais nous n'en trouvons d'exemples que dans les idiomes étrangers. Cette disposition donna naissance aux livres apocryphes ; ceux-ci fournirent à la légende un champ beaucoup plus vaste.

Ce mot *apocryphe* n'a pas toujours été entendu dans le même sens. Il signifie *caché*, et se disait des livres qu'on ne lisait pas en public ; il ne se prenait pas en mauvaise part. Plusieurs livres très autorisés ont reçu ce titre, et le pape Gélase les rangea dans cette catégorie. Plus tard, on étendit cette qualification aux livres qui contenaient des traditions hétérodoxes, et c'est dans ce sens qu'on l'entend aujourd'hui.

Le moyen âge a confondu souvent les traditions apocryphes avec les traditions de la Bible. C'est ainsi que les testamens des douze patriarches, composés à ce qu'on croit par un Juif, n'ont de biblique que le nom ; ils renferment de véritables romans. Au lieu de l'histoire de Joseph, telle qu'elle est racontée par les livres saints, on y trouve un récit tout-à-fait différent, où l'on parle du mariage et des amours de Joseph avec une petite fille de Job.

Une donnée très souvent reproduite, c'est le débat entre un ange et un démon, qui se disputent l'âme d'un mort. Le roman du Rou en contient un exemple; Dante s'en est emparé deux fois. Elle a son premier germe dans un livre apocryphe perdu, où l'on racontait une lutte semblable entre saint Michel et le diable, au sujet de l'âme de Moïse.

Ici nous aurions à nous arrêter sur tout une portion de la littérature rabbinique à laquelle ces traditions appartiennent, et qui a beaucoup influé sur la légende. Les bornes de ce travail ne nous permettent qu'un mot à ce sujet.

Après leur dispersion, les Juifs cherchèrent à faire de Babylone un centre de réunion. Ce fut là que naquit une seconde période pour la littérature rabbinique. Ce pêle-mêle des doctrines donna naissance au Talmud. Il se composait de deux parties, l'une consacrée à la morale, l'autre aux inventions les plus désordonnées. C'est là qu'il faut aller chercher le mélange le plus incohérent des souvenirs bibliques et des traditions orientales. Ce mélange se distingue surtout par l'absurdité et l'ignorance; il a fait quelquefois invasion dans la légende, et elle lui doit ses plus bizarres inventions.

Le nouveau Testament a eu aussi ses livres apocryphes. Il existe de faux évangiles et de fausses épîtres. L'évangile de saint Jacques, celui de Nicomède, celui de l'enfance de Jésus, sont les plus connus. Ce dernier raconte l'emploi des jeunes années du Christ : il a été très répandu, et Mahomet le connaissait. Il raconte que Jésus formait des oiseaux avec de l'argile, et qu'il leur donnait la vie. Quelques traits y font sentir la présence du judaïsme. Les miracles du Christ ont tous été bienfaisans; dans cet évangile, il en est de terribles et malfaisans. La peinture a emprunté à ces évangiles un grand nombre de sujets.

Les frères Grimm ont recueilli dans les livres apocryphes beaucoup de légendes et de traditions qui appartiennent à l'Orient.

Dans ces livres, on trouve aussi des peintures terribles du jugement dernier et de l'antechrist. Ces écrits ont tourné chez nous à la satire. *Le tournoi de l'antechrist* est un poëme satirique du moyen âge.

Les légendes qui se sont formées autour de Mahomet ont donné lieu à des livres apocryphes au sein de l'islamisme. Pendant qu'en Orient les traditions sont toutes à la louange du prophète, elles le représentent en Occident sous les plus défavorables couleurs. On en trouve la plus frappante preuve dans un roman du treizième siècle, écrit par un certain Dupont, de la ville de Laon. Mahomet y est représenté comme le serf d'un puissant baron, livré au négoce; il épouse la veuve de celui-ci, et annonce son projet de fonder une religion. Dans un autre ouvrage du siècle suivant, Mahomet est un cardinal très savant, qui partit pour aller convertir les infidèles dans l'espoir d'être pape à son retour, et qui, cet espoir ayant été déçu, fonda par dépit l'islamisme.

La conduite de l'Église fut toujours très prudente vis-à-vis des livres apocryphes; elle se montra d'abord assez tolérante, mais plus tard elle s'opposa à leur essor, gardant toujours le dépôt de l'orthodoxie avec cette sagesse et cette mesure qui sont les plus beaux traits de son caractère.

Il nous reste à parler de deux formes de la légende qui se reproduisent très fréquemment, les récits de translations de reliques et les visions.

L'art antique ne reproduit guère que le monde présent; il s'occupe peu du monde qui s'ouvre au-delà de la tombe : de là vient cette importance que les anciens ont donnée aux funérailles. On rendait de grands honneurs aux corps des héros, parce qu'on pensait que cette dépouille était peut-être tout ce qui restait d'eux. Par un sentiment tout contraire, le chrétien a attaché un grand prix aux reliques de ses grands hommes. La légende chrétienne, *tout imprégnée d'immortalité*, selon la juste expression de M. Ampère, ne pouvait s'arrêter à la tombe. Voilà pourquoi elle raconte avec complaisance les merveilles opérées sur les tombeaux des saints. Elle y joint les miracles qui accompagnent les translations de reliques, imposantes solennités qui lui fournissent encore de merveilleux récits.

Les visions ont le même point de départ, et répondent à un ordre d'idées analogues.

Le moyen âge, en se plaçant au centre du monde invisible, agissait dans des dispositions entièrement contraires à celles de l'antiquité. Fortement préoccupé des mystères de l'autre vie, il a fait de constans efforts pour les pénétrer. Les phénomènes du rêve, produits et développés par une grande exaltation d'imagination, ont été la cause de cet état extraordinaire auquel le catholicisme a donné le nom d'*extase*.

Les visions en furent la suite. Livrés à de fortes émotions, séparés de la nature par la vie contemplative, exaltés par les macérations, les moines en ont donné les plus fréquens exemples. Ce qui devint une fiction, un cadre pour enfermer certaines idées, fut d'abord réel et affirmé de bonne foi.

L'extase était souvent accompagnée d'un état d'insensibilité extérieure qui développait l'activité intérieure. Le magnétisme et la catalepsie présentent encore de nos jours de semblables observations. Pendant le moyen âge, ils ont fourni de nombreux prétextes aux jongleries de la sorcellerie et aux accusations qui envoyaient au feu les misérables qui, le plus souvent, s'abusaient eux-mêmes. Mais ceci touche à l'histoire de l'illuminisme à toutes les époques et s'écarte de notre sujet.

Le caractère d'insensibilité cataleptique se retrouve aussi dans les récits de visions. Il y est dit souvent que le visionnaire était malade, et qu'il est tombé dans un état d'insensibilité pendant lequel il a vu les choses que l'on raconte.

Depuis le septième siècle, les visions se succèdent sans interruption. Celle de saint Furcy date de cette époque. Ravi par les anges, il rencontre deux prêtres qui lui font un tableau énergique des vices de l'Église. Dès leur point de départ, les visions servent de cadre à la satire contre les désordres de la société. Cette disposition devient dominante au neuvième siècle, qui vit naître la littérature politique, le pamphlet. Toutes les légendes de cette époque sont remplies d'allusions politiques. Une d'entre elles nous représente Charlemagne dans les flammes du purgatoire ; une autre contient un panégyrique de l'évêque Hincmar. M. Villemain cite pour le siècle suivant une vision remarquable, dont il a extrait le récit d'un sermon de Grégoire VII.

A l'autre bout de l'Europe, nous trouvons des exemples des mêmes récits. L'Edda en contient un qui s'appelle *Chant du soleil*. L'auteur se réveille du sommeil de la mort pour faire entendre ce chant, qui décrit une vision de l'autre monde. Les Kalmouks possèdent de grands poëmes qui renferment de pareils récits.

Nous pourrions citer encore un poëme qui paraît être de Marie de France, et qui raconte une légende sur le purgatoire de saint Patrice en Irlande; pour notre pays, une autre légende, non moins curieuse, qui raconte comment saint Paul fut conduit en enfer par l'archange Michel.

Mais de toutes ces visions, celle du jeune Albéric, du Mont-Cassin, est la plus saillante. C'est à elle que Dante a fait le plus d'emprunts. Albéric avait douze ans; il tomba pendant trois jours dans une léthargie complète; revenu à lui, il raconte un voyage qu'il avait fait à travers l'enfer et le paradis; il fut si frappé des spectacles extraordinaires auxquels il assista, qu'il passa le reste de ses jours dans les larmes et dans la pénitence.

Comme nous l'avons dit, un grand nombre de ces visions peut s'expliquer d'une manière naturelle. Il n'en reste pas moins un fait surnaturel qui, à toutes les époques de l'histoire, confond l'intelligence humaine. Le scepticisme ne saurait être ici qu'une bien misérable ressource. L'intervention de Dieu se mettant en rapport avec la partie la plus immatérielle de notre être nous paraît la seule explication satisfaisante; elle n'a rien qui répugne à la raison. Si l'homme l'accepte, il marche d'un pas ferme, rassuré sur ses destinées futures; s'il baisse la tête, s'il cherche sur la terre la clarté qui lui est refusée, il faut qu'il se résigne aux ténèbres dont la mort est alors pour lui la plus affreuse réalisation.

Nous voici arrivés à la fin de notre examen des divers développemens de la légende. Dans notre rapide aperçu, nous avons indiqué les divers points auxquels elle a touché. Une fois arrivée à sa diffusion la plus grande, elle se fractionna et donna à notre littérature les principaux genres qui la composent. Mais de toutes les créations dont elle a été le point de départ, la plus magnifique est l'immense épopée de Dante.

Dante domine le moyen âge, comme Homère domine l'antiquité. Ces deux poètes immortels sont l'admirable représentation des idées du monde antique et du monde moderne.

Homère représente la civilisation où la société était tout, l'individu rien.

Dante résume la société des temps modernes, où l'individu ira s'isolant de plus en plus.

L'épopée d'Homère est assez bornée. Physiquement, il s'agite dans un coin du globe; moralement, il ne sort pas d'un petit nombre d'idées.

Dante s'empare du monde visible et invisible. Son horizon moral est immense, et en l'élargissant il y a donné à la douleur une place qu'elle n'occupait pas au temps d'Homère. Il renferme des trésors de mélancolie, cette tristesse chrétienne que l'antiquité ne soupçonnait pas.

Un dernier trait fera sentir toute l'opposition de ces deux époques.

Le sentiment qui domine l'Iliade, c'est la vengeance. Le poëme vient aboutir à des funérailles.

L'amour domine la divine Comédie, et ce sentiment sera le sang de la société moderne et de sa littérature.

Encore un mot sur la légende.

Il ne faut pas la confondre avec la tradition dont elle est quelquefois une forme. A son point de départ, elle s'est appuyée sur celle-ci, et l'a pour ainsi dire fixée. La tradition, soit qu'elle ait été recueillie, soit qu'elle soit restée flottante dans l'imagination populaire, peut être entièrement étrangère à la légende : tantôt elle part d'un fait historique qu'elle transforme et mêle à d'autres faits; tantôt elle prend pour objet un site, un monument, moins encore, une pierre, un fleuve, un arbre, un tableau; et chaque fois elle anime tout ce qu'elle touche d'un souffle poétique et puissant. La religion du souvenir est la plus vivace au cœur de l'homme; elle explique le sentiment de l'amour de la patrie, ce lien puissant qui, en se brisant, tarit quelquefois dans le cœur des nations les sources de la vie.

L'histoire des traditions de la France est une œuvre immense qui n'a pas encore été tentée, et qui devient de plus en plus impossible. Il nous semble qu'elle pourrait prendre pour grandes divisions les souvenirs purement historiques, les souvenirs légendaires. Cette dernière portion est la plus vaste et la mieux conservée, parce qu'elle se retrouve dans des monumens; c'est celle-là dont nous venons de vous présenter un tableau succinct. Quant à l'autre, elle est partout, mais beaucoup moins dans les livres que dans la mémoire des hommes. C'est là qu'il faut en chercher les fragmens épars, et qui se perdent tous les jours davantage.

Il s'est rencontré deux hommes qui ont consacré une grande partie de leur vie à recueillir les traditions de l'Allemagne. Ce sont les frères Grimm. Ce recueil est précieux, sans doute, mais il n'est utile que comme renseignement; la lecture en est fatigante et ne s'adresse qu'au petit nombre des érudits. Leur livre est tout allemand; la patience y brille à chaque page; l'ordre et la discussion ne viennent pas le vivifier.

Ce n'est point un semblable travail que nous avons tenté, et d'ailleurs ce n'est pas ainsi que nous le comprendrions. Le recueil des traditions d'un peuple devrait fournir l'histoire pittoresque de ses mœurs, de ses usages et de sa poésie. C'est une tâche immense qui attend un homme qui réunisse la patience de l'érudition à la verdeur de l'imagination.

Pour nous, nous avons recueilli çà et là quelques souvenirs populaires à mesure que nous les avons rencontrés sur notre route. Nous en avons pris aussi quelques uns dans les livres. Notre but a été de ne point altérer les récits que nous avons réunis; notre ambition serait de ne pas les avoir gâtés en ayant cherché à leur donner un intérêt poétique et littéraire, sans toutefois les présenter sous la forme de la nouvelle. Deux fois, dans ce volume, nous sommes sortis de cette habitude : la première en y plaçant une nouvelle écrite par un de nos amis; la seconde en écrivant une étude qui n'a aucun rapport avec la légende ni la tradition : c'est la dernière du volume. Nous avons expliqué dans une note quel motif nous avait guidé.

Nous voulons donc qu'on ne se méprenne pas sur notre intention, et qu'on ne cherche pas dans notre travail une valeur que nous ne lui avons pas donnée. Si quelque jour un homme érudit et patient vient élever un monument durable aux traditions de notre pays, il pourra en retrouver quelques scènes dans le présent recueil. C'est là toute notre ambition.

Cependant, si notre volume est accueilli, peut-être tenterons-nous de lui donner une suite, en nous tenant plus près du plan que nous avons indiqué. Le lecteur et nos loisirs en décideront.

PROVINCES DU MIDI.

I

ORTHON LE FARFADET.

Le voyageur qui parcourt aujourd'hui la France, ne peut guère se faire une idée de la physionomie variée qu'elle présentait au moyen âge. La centralisation du pouvoir a relié tant bien que mal les élémens hétérogènes dont elle se composait; une teinte uniforme part de Paris, et tend à absorber de plus en plus les individualités tranchées des provinces. C'est là peut-être pour l'économiste un résultat heureux, un louable progrès ; mais, à coup sûr, l'artiste déplore ce nivellement monotone ; et il revient avec amour vers cette France du temps passé, si pleine de passions ardentes et colorées, de croyances naïves, où chaque province était un centre autour duquel venaient quelquefois se grouper les plus grands intérêts. Il importe de se reporter à ces idées pour le récit qui va suivre, et en général pour tous ceux qui font partie de ce livre.

Orthez, qui n'est plus qu'une petite ville sans importance, était au moyen âge le siége d'une cour brillante, la résidence des comtes de Foix. Le quatorzième siècle a vu l'apogée de sa gloire : Gaston III en était alors le suzerain. Surnommé Phœbus, soit à cause de sa beauté, soit à cause du soleil qu'il plaça dans son écusson, Gaston ne resta pas au-dessous de cet emblème glorieux. L'illustration des armes, celle des richesses et l'habileté politique si nécessaire pour se maintenir au faîte d'une haute position, tout concourut à le placer à la tête de ces grands vassaux de la couronne, féodales grandeurs qui devaient s'abaisser sous la main puissante de Richelieu et de Mazarin. Plus d'une fois les intérêts de la France entière se concentrèrent autour de lui dans cette petite cour. Pendant que les ambassadeurs des puissances voisines venaient s'y disputer son appui, les savans, les troubadours et les jongleurs accouraient y briguer les faveurs et les encouragemens de cette main quasi royale. On aurait en vain cherché ailleurs, même à la cour du roi de France, un modèle plus accompli de cette chevalerie qui brillait d'un lustre si éclatant alors qu'il allait s'éclipser.

Les chants du *gai-savoir*, les nobles *déduits* de la chasse trouvaient auprès de Gaston un amateur aussi éclairé que magnifique. La chasse était alors une passion, une affaire sérieuse, qui exigeait des études approfondies. Plus un seigneur était puissant et riche, plus il y déployait de luxe. Gaston y excellait, et il en a laissé le traité le plus complet du temps.

« Ses équipages pour ce plaisir, dit l'historien de sa vie, surpassaient en magnificence ceux des princes les plus riches (1); ses écuries ne nourrissaient pas moins de deux cents chevaux, la plupart destinés à cet usage, et il avait de douze à seize cents chiens. Ses lévriers étaient les plus légers et les plus beaux de la chrétienté, et ses chiens pour le cerf, le daim,

(1) Et pourtant, sans compter le roi de France et les rois étrangers, bien d'autres seigneurs et princes poussaient alors l'amour de la chasse à un point extrême et rivalisaient de dépenses entre eux. Le duc de Bourgogne avait un équipage de chasse dans lequel on comptait : six pages de chiens courans, six de lévriers, douze sous-pages de chiens, six valets de chiens limiers, douze valets de chiens courans, six valets d'épagneuls, six valets de petits chiens, six valets de chiens anglais et de chiens d'Artois. Quelle dut être la surprise du duc, quand il vit, lorsqu'il fut fait prisonnier à Nicopolis, que Bajazet avait sept mille fauconniers et autant de veneurs. A la même époque, le comte de Sancerre signala sa passion pour la chasse d'une façon particulière; il fonda un ordre de chevalerie sous le titre de *l'Ordre du Lévrier*. (Note de l'historien.)

le rangier, pour les grands ours des Pyrénées, pour le loup et le sanglier, les plus forts et les plus courageux.... Tous les oiseaux de fauconnerie étaient aussi élevés avec grand soin chez le comte de Foix. Rien n'était noble à voir comme la compagnie du châtelain d'Orthez partant pour une chasse à *la volerie :* les chevaliers, sur de beaux palefrois, escortant galamment les dames montées sur élégantes haquenées, et portant sur le poing chacune un bel oiseau qu'elles caressaient de temps en temps avec leur blanche main pendant qu'elles écoutaient avec une indifférence qui n'était qu'apparente les propos tendres et courtois du voisin chevalier. Et puis les écuyers et pages aux couleurs de Foix et de Béarn, vêtus de vert en été et de fourrure de gris en hiver ; et les gens de service, si nombreux et si bien mis, qui apportaient tous les engins et filets *les plus ingénieux* qu'il soit possible d'imaginer. Gaston aimait à un tel point tous ces divertissemens de chasse, qu'il en avait fait une étude particulière, et qu'il se plaisait à en enseigner les préceptes aux hommes qu'il y destinait. »

Mais ces nobles plaisirs ne lui faisaient point oublier de régler avec une admirable sagesse l'administration de ses états. C'est peut-être le seul exemple d'un haut et puissant seigneur de cette époque qui n'ait point tout sacrifié à la passion de la guerre. Aussi sa réputation était immense, et les populations de Béarn le bénissaient. Un tel personnage devait être entouré de cette auréole de merveilleux qui ne manque jamais aux héros du moyen âge. Il était trop aimé des troubadours et des jongleurs pour qu'on ne célébrât pas sa gloire avec l'exagération mythique de quelque merveilleuse légende. Froissart, le crédule et naïf chroniqueur, nous en a conservé le plus précieux document.

C'est en 1388 qu'il visita la cour brillante d'Orthez. Curieux et questionneur, il se passionna pour les récits des vaillans chevaliers qu'il y rencontra. Là, un écuyer lui apprit que le sire comte savait tout ce qui se passait avant personne, et que cette science lui devait venir *par aucune voie de nécromancie;* puis comme le chroniqueur lui demanda avec instances des détails, l'écuyer *le tira à part en un anglet de la chapelle du châtel d'Orthez, et commença ainsi :*

Il peut y avoir environ vingt ans qu'il régnait en ce pays un baron qui s'appelait de son nom Raymond. Il était seigneur de Coarasse : c'est une ville à sept lieues d'Orthez. A cette époque dont je vous parle, le sire de Coarasse avait un procès à Avignon devant le pape, contre un clerc de Catalogne, au sujet des dîmes de l'église de Coarasse. Ces dîmes valaient bien cent florins de revenu par an, et le clerc disait qu'il y avait droit. Or, comme il était bien appuyé dans le clergé, il montra et prouva son droit; et le pape Urbain V, séant en consistoire général, condamna le chevalier à payer. Lorsque le clerc eut levé les bulles du pape, il chevauche à grandes journées vers le Béarn pour venir prendre possession de son dîmage. Mais la décision du pape avait grandement irrité le sire de Coarasse; il s'avança vers le clerc, et lui dit :

— Or ça, maître Pierre ou maître Martin, suivant son nom, pensez-vous que par vos lettres je doive perdre mon héritage? Ne soyez pas assez hardi pour toucher à ce qui m'appartient; car, si vous le faites, c'est votre vie que vous y laisserez. Allez ailleurs obtenir bénéfice, car vous n'aurez rien de mon héritage; et une fois pour toutes, je vous le défends. »

Le chevalier était cruel, le clerc eut peur et n'osa poursuivre. Il se décida donc à retourner à Avignon. Mais avant de partir, il voulut protester contre cette violence. Il vint trouver le sire de Coarasse, et lui parla ainsi :

— Sire, c'est votre force et non le droit qui m'enlève les biens de mon église, vous méfaites grandement en conscience : je ne suis pas aussi puissant que vous ici. Mais sachez que je vous enverrai tel champion que vous redouterez plus que moi.

Raymond ne tint aucun compte de ses menaces.

— Va, lui dit-il, fais ce que tu pourras, je ne te crains pas plus mort que vif. Tes paroles ne me feront rien abandonner de mon héritage.

Le clerc partit donc : retourna-t-il en Catalogne ou en Avignon? point ne le sais; toujours est-il qu'il n'oublia pas ses menaces. Trois mois après, alors que le chevalier y pensait le moins, et qu'il dormait en son lit à côté de sa femme, des messagers invisibles vinrent le trouver. Ils commencèrent à heurter et à bouleverser tout ce qu'il y avait dans le château, de telle façon qu'on eût dit qu'ils allaient l'abattre; la porte de la chambre de monseigneur en était tout ébranlée, et la dame qui se couchait, se mourait de frayeur. Quant au chevalier, il entendait bien tout ce tapage, mais il ne disait mot, car il ne voulait pas montrer un cœur susceptible de faiblesse; d'ailleurs il était assez brave pour attendre l'issue de toutes sortes d'aventures.

Ce tapage dura toute la nuit. Au matin, les serviteurs du château se réunirent et vinrent trouver le baron qui était encore couché.

— Monseigneur, lui dirent-ils, n'avez-vous rien ouï cette nuit comme nous?

Le sire de Coarasse fit l'étonné.

— Et qu'avez ouï, leur répondit-il?

Alors les serviteurs lui racontèrent comment on avait bouleversé le château et cassé toute la vaisselle de la cuisine. Le chevalier se mit à rire, en disant qu'ils l'avaient songé, et que ce n'avait été que vent. — Mon Dieu! dit la dame à demi-voix, je l'ai bien entendu.

La nuit suivante, le même vacarme se renouvela, mais cette fois plus violent encore, les portes et les fenêtres tremblaient sous les coups, les chaises dansaient dans la chambre. Le chevalier n'y put tenir, il se leva sur son séant.

— Or çà, s'écria-t-il, qu'est-ce qui heurte ainsi à ma chambre à cette heure?

— C'est moi, lui fut-il répondu, c'est moi.

— Qui t'envoie? reprit le seigneur.

— Le clerc de Catalogne, à qui tu fais grand tort, car tu lui ravis les droits de son bénéfice. Aussi ne te laisserai-je en paix que quand tu lui auras rendu justice et qu'il sera content.

— Eh! comment te nomme-t-on, toi si bon messager?

— On me nomme Orthon.

— Eh bien, Orthon, le service d'un clerc ne te vaut rien, il te donnera trop de peine. Abandonne-le, je te prie, pour me servir. Je t'en saurai gré.

Cette proposition tenta Orthon, le courage du chevalier lui plut :

— Le veux-tu? lui dit-il.

— Oui, et pourvu que tu ne fasses mal à personne céans, je m'attacherai à toi et nous serons bien d'accord.

— Sois tranquille, je n'ai d'autre puissance que celle de t'empêcher de dormir, toi et les autres.

— Eh bien donc, laisse ce méchant clerc et viens me servir.

Lors Orthon s'éprit tellement du seigneur de Coarasse, qu'il le visitait souvent pendant la nuit, et quand il le trouvait endormi, soulevait son oreiller et heurtait de grands coups aux portes et aux fenêtres. Le chevalier avait beau dire :

— Orthon, laisse-moi dormir, je t'en prie.

— Je n'en ferai rien, reprenait l'autre, avant de t'avoir conté des nouvelles.

Cependant la femme du sire de Coarasse avait une telle frayeur, que les cheveux lui dressaient sur la tête, et qu'elle s'enfonçait bien avant sous sa couverture. Une fois réveillé, le châtelain demandait au messager quelles nouvelles il avait à lui dire et de quel pays il venait.

Celui-ci répondait :

— Je viens d'Angleterre, ou d'Allemagne, ou de Hongrie; j'en suis parti hier, et telles et telles choses y sont advenues.

Ainsi, le sire de Coarasse savait à merveille tout ce qui se passait de par le monde.

Cela dura environ cinq ans; mais comme le comte de Foix s'émerveillait de ce que le sire de Coarasse était toujours si bien informé, le chevalier, après beaucoup d'instances, lui parla de son gentil messager.

— Sire de Coarasse, dit le comte, je voudrais bien en avoir un semblable ; il ne vous coûte rien, et vous savez véritablement tout ce qu'il advient de par le monde. Vous plairait-il, messire, me communiquer les nouvelles d'Orthon?

— Monseigneur, répondit le chevalier, ainsi ferai-je pour l'amour de vous.

Donc toutes les fois qu'Orthon avait apporté des nouvelles, Raymond en écrivait au comte de Foix. Un jour celui-ci lui demanda s'il n'avait jamais vu son messager.

— Par ma foi, Monseigneur, je n'y ai jamais pensé.

— Eh bien, à votre place, point n'y aurais manqué ; je l'aurais prié de se montrer à moi. Veuillez vous en mettre en peine, et me direz de quelle forme et de quelle façon il est. Vous m'avez dit qu'il parle le gascon comme vous et moi.

— C'est vérité, répondit le sire, et puisque vous me le conseillez, je me mettrai en peine de le voir.

Quelques jours après, arrive Orthon, qui,

selon sa coutume, se met à secouer l'oreiller du sire de Coarasse qui fort dormait; quant à sa femme, elle y était accoutumée et n'en avait plus peur.

— Qui est là? dit le chevalier en se réveillant.

— C'est moi, Orthon!

— Et d'où viens-tu?

— Je viens de Prague en Bohême; l'empereur de Rome est mort.

— Et quand est-il mort?

— Avant-hier.

— Combien y a-t-il d'ici à Prague?

— Il y a bien soixante journées.

— Et tu en es déjà revenu?

— Oui vraiment; je vais plus vite que le vent.

— Tu as donc des ailes?

— Nenni, point.

— Et comment donc peux-tu aller si vite?

— Vous n'avez que faire de le savoir.

— Il est vrai, mais je te verrais volontiers pour savoir de quelle forme tu es.

— Que vous importe, pourvu que je vous apporte des nouvelles véritables.

— C'est que, Orthon, je t'aimerais mieux si je t'avais vu.

— Puisque vous avez ce désir, la première chose que vous verrez demain matin en quittant votre lit, ce sera moi.

— Il suffit. Or, va, je te donne congé pour cette nuit.

Le lendemain matin, voilà le sire qui se lève. La dame avait une telle frayeur, qu'elle fit la malade, disant qu'elle ne se leverait point ce jour-là. Et comme son seigneur insistait :

— Vraiment, dit-elle, je verrais Orthon, et je ne veux ni le voir ni le rencontrer, s'il plaît à Dieu.

— Eh bien, dit le chevalier, je le veux voir, moi.

Et aussitôt il sauta résolument hors de son lit et s'assit sur le bord; il croyait se trouver face à face avec Orthon, mais il ne vit rien. Il courut ouvrir les fenêtres pour y voir plus clair, mais il n'aperçut rien qui pût lui faire dire : — Voici Orthon.

Le jour se passe, la nuit vient. A peine le sire est-il couché, voici Orthon qui se met à causer avec lui comme à l'ordinaire.

— Va, lui dit le chevalier, tu n'es qu'un trompeur ; tu te devais hier montrer à moi, et tu n'en as rien fait.

— Mais si, je me suis montré.

— Mais non.

— Comment? n'avez-vous rien vu quand vous avez sauté hors de votre lit?

Le sire de Coarasse réfléchit un instant.

— Ma foi, dit-il, comme je pensais à toi, j'ai aperçu sur le pavé deux longs fétus qui tournoyaient et jouaient ensemble.

— C'était moi, dit l'esprit, j'avais pris cette forme.

— Cela ne me suffit point, prends une forme à laquelle je puisse clairement te reconnaître.

— Vous ferez tant, reprit Orthon, que vous me perdrez et que je me lasserai de vous, car vous êtes trop exigeant.

— Tu ne te lasseras point de moi, car si je te vois une seule fois cela me suffira.

— Eh bien, vous me verrez demain. Prenez bien garde à la première chose que vous apercevrez en sortant de votre chambre, ce sera moi.

— C'est bien, dit le sire, va-t'en donc, car je veux dormir.

Le lendemain, à l'heure de tierce, le sire de Coarasse se lève et s'apprête comme il convient à son rang. Il sort de sa chambre et vient dans une galerie qui avait vue sur le milieu de la cour du château. Il jette les yeux autour de lui, et la première chose qui frappe ses regards, c'est une énorme truie, la plus grande qu'on eût jamais vue ; elle était si maigre qu'elle ne montrait que les os et la peau ; ses mamelles étaient longues, pendantes et tout écartées ; son museau aigu et affamé. Le sire de Coarasse ne vit point volontiers cet affreux animal, il appela ses gens.

— Or, tôt, leur dit-il, faites sortir les chiens, je veux que cette truie soit pillée.

Les valets obéirent et lâchèrent les chiens sur la truie. Elle poussa un grand cri, jeta un long regard sur le sire de Coarasse, et s'évanouit comme une fumée, sans qu'on pût savoir ce qu'elle était devenue. Comme le sire rentrait tout pensif dans sa chambre, il vint à se souvenir d'Orthon.

— Las! dit-il, je crois que j'ai vu mon messager; combien je me repens d'avoir lancé mes chiens sur lui! Ce sera un grand hasard si je le revois, car il m'a dit que dès que je l'irriterais il ne reviendrait plus.

Ce fut la vérité : Orthon ne revint plus, et le sire de Coarasse mourut l'année suivante.

On dit que le gentil messager est passé au service du comte de Foix, car on ne fait rien ici ou ailleurs qu'il n'en soit très bien informé, même quand on s'en défie le plus. Et c'est la ferme croyance de presque tous les habitans du Béarn.

Ainsi parla l'écuyer, et Froissart ne manqua pas de bien mettre en mémoire un conte aussi merveilleux.

II

MADAME MARGUERITE.

La haute position du comte de Foix ne le préserva pas des atteintes du sort. Pour si élevé que soit un homme, le malheur trouve toujours en lui un côté vulnérable. Gâté par la fortune, Gaston-Phœbus devait être frappé dans ses plus chères affections. Son fils, son unique héritier mourut misérablement ; son frère fut atteint d'une maladie qui livrait son intelligence aux plus singuliers écarts. Quoiqu'il ne nous appartienne pas d'entrer dans le domaine de l'histoire, rappelons sommairement les circonstances de la mort du jeune Gaston, et de la folie de Pierre de Béarn. Ces deux faits rentrent d'ailleurs dans notre plan par le merveilleux dont le peuple les entoura. C'est toujours le chroniqueur Froissart qui va nous fournir les principaux traits de ces récits et des légendes qui les accompagnent.

Gaston avait pris pour femme la sœur du roi de Navarre, ce Charles-le-Mauvais, dont le surnom est resté encore au-dessous de ses crimes. De cette union, qui ne fut pas heureuse, était né un fils sur qui reposaient toutes les espérances de l'illustre maison de Foix. Quoique séparé tout enfant de sa mère, le jeune Gaston l'aimait avec idolâtrie, et rien ne pouvait le consoler de cette absence. Dès que l'âge l'eut rendu assez hardi, il demanda à son père de lui permettre d'aller voir cette mère adorée. Arrivé auprès d'elle, il n'épargna rien pour la décider à revenir à Orthez ; *mais la dame ne s'y osait assurer.* Après un séjour trouvé bien court des deux parts, l'enfant fut obligé de revenir au château de son père. Sa mère l'embrassa en pleurant ; hélas ! elle le voyait pour la dernière fois.

Le jeune Gaston se dirigea vers Pampelune où se trouvait son oncle. Il y fut accueilli avec de grandes démonstrations d'amitié, et y séjourna dix jours. Le roi Charles le combla de témoignages d'amitié. Au moment de se séparer de son neveu, Charles le prit à part et lui remit une *moult belle boursette,* remplie d'une poudre qui était un poison violent. « Beau neveu, lui dit le roi, vous ferez ce que je vais vous dire. Vous savez combien le comte de Foix, votre père, a de la haine pour ma sœur, votre mère, ce qui me déplaît grandement ; ainsi doit-il en être pour vous. Toutefois, pour remettre les choses telles qu'elles doivent être, et réunir votre père et votre mère sitôt que vous trouverez l'occasion, vous prendrez un peu de cette poudre, et ayant soin de n'être vu de personne vous en mettrez sur les plats servis à votre père. Et après qu'il aura mangé, vous verrez à votre grande joie combien son esprit sera changé; il ne cessera de s'occuper de sa femme, et ne voudra entendre parler d'autre chose que de l'avoir près de lui; ce qui étant arrivé, ils s'aimeront tant qu'ils ne voudront jamais plus se séparer. Gardez bien ce que je vous dis et ne confiez à personne votre secret, afin que votre père n'en puisse rien savoir et qu'il réussisse.»

L'enfant crut à la sincérité de son oncle et le remercia avec effusion. Arrivé à Orthez, il attendit avec impatience qu'une occasion favorable se présentât pour suivre les conseils du roi de Navarre. Or, il était d'usage à l'hôtel de Foix que Gaston couchât dans la même chambre que son frère bâtard, Yvain. Les deux enfans s'entr'aimaient comme de bons frères et se servaient quelquefois des mêmes habits, car ils étaient du même âge et de la même taille. Un jour il arriva qu'en jouant, les habits de Gaston allèrent tomber sur le lit d'Yvain. Celui-ci, qui était assez malicieux, sentit la bourse, et la montrant à son frère :—Gaston, lui dit-il, que portez-vous donc ainsi sur votre poitrine? Mais Gaston se fâcha et se contenta de répondre :— Rendez-moi ma cotte, Yvain, vous n'en avez que faire? Yvain rendit la cotte, mais il n'oublia pas cette circonstance. Trois jours après, les deux enfans se prennent de querelle en jouant, et Gaston donne un soufflet à Yvain. Celui-ci irrité entre en pleurant dans la chambre de son père qui lui demande la cause de son chagrin. — Gaston m'a battu, Monseigneur; mais il y a plus à battre en lui qu'en moi. — Et aussitôt il livre au comte le secret de Gaston. — Oh! dit le père, tais-toi et garde-toi bien de découvrir à personne rien de ce que tu m'as dit.

Cette circonstance frappa vivement le comte, et à l'heure du dîner apercevant les cordons de la bourse qui sortaient des vêtemens du jeune homme : — Gaston, lui dit-il, approche, j'ai à te parler. L'enfant s'avance, et le comte saisissant les cordons de la bourse, les coupe avec son couteau, puis il l'ouvre, prend la poudre et en étend une partie sur un morceau de pain.

Cela fait, il appelle un lévrier et le lui donne à manger. A peine le chien a-t-il goûté à ce pain qu'il tourne les yeux et meurt.

A cet aspect, la colère s'empare du comte, il saisit un couteau et s'élance sur son fils ; mais les chevaliers et les écuyers se précipitent au-devant de lui et l'arrêtent. — Ah ! Monseigneur, pour Dieu ne tuez pas Gaston, c'est votre seul enfant. Peut-être ne savait-il ce qu'il portait. Faites-le enfermer et informez-vous plus au long de cette affaire.—Eh bien, soit, dit le père, qu'on le mette en la tour et qu'il soit gardé de près.—Cependant le comte fit prendre tous ceux qui servaient Gaston. Il y en eut plusieurs qui s'échappèrent, mais quinze moururent dans les plus grands supplices. Parce que, disait-il, il était impossible qu'ils ne sussent rien des secrets de son fils, et qu'ils devaient venir à lui et l'en prévenir. Ce fut une pitié, car il n'y avait en toute la Gascogne si parés et si jolis écuyers, le comte de Foix ayant toujours été très attentif dans le choix des personnes qui entouraient Gaston.

Gaston-Phœbus fut très affecté de cette épouvantable affaire Il assembla tous les nobles et prélats de Foix et de Béarn, et se montra comme juge et non comme père. Il leur parla de la trahison de son malheureux fils. Il leur dit qu'un si grand forfait méritait la mort, et que celui-là qui l'avait commis serait mis à mort sans pitié. Tout le monde s'émut à cette parole et s'écria tout d'une voix : « Monseigneur, sauve soit votre grâce, nous ne vouons pas que Gaston meure, c'est votre seul héritier ; plus n'en avez. »

Le comte de Foix attendri, promit alors qu'il le tiendrait seulement en prison deux ou trois mois, puis qu'il l'enverrait voyager pendant quelques années jusqu'à ce qu'il eût oublié le chagrin qu'il lui avait donné. Mais les habitans du comté de Foix ne voulurent pas partir sans être assurés de nouveau par le comte que Gaston ne mourrait point ; il leur en renouvela la promesse, puis ils s'en retournèrent.

Cette affaire eut un tel retentissement, qu'elle parvint jusqu'au pape Grégoire XI, qui siégeait alors à Avignon. Grégoire dépêcha aussitôt le cardinal d'Amiens pour apaiser le courroux du comte de Foix. Malheureusement, le cardinal resta si long-temps en chemin, qu'arrivé à Béziers, il apprit qu'il était trop tard.

Cependant le pauvre enfant était enfermé dans la tour d'Orthez, dans un étroit réduit où la lumière ne pouvait pénétrer. Depuis dix jours qu'il gémissait de l'erreur de son père, il n'avait rien mangé; il n'était même pas sorti du lit où il s'était mis en arrivant. On l'entendait pousser de longs soupirs, mais il ne répondait à aucune question des gardes qui le servaient.

Un jour le gardien qui lui servait à manger s'aperçut qu'il n'avait touché à aucun des plats apportés les jours précédens. Il s'en vint aussitôt trouver le comte de Foix, et lui dit :

—Monseigneur, prenez garde à votre fils, car il s'affame là en la prison où il gît, et crois qu'il n'a mangé oncques depuis qu'il y est, car j'ai vu tous les mets entiers et tournés d'un côté.

A ces mots, le comte s'emporta, et sans prononcer une parole, s'en vint à la prison de son fils. Il tenait par malheur dans le moment où le gardien arriva un petit couteau fort long, avec lequel il arrangeait et nettoyait ses ongles. Il fit ouvrir la porte de la prison de Gaston, et s'élançant vers lui sans faire attention au couteau qu'il avait dans la main : — Ah! traître, lui dit-il, pourquoi ne manges-tu pas ? — et il lui porta un coup à la gorge, puis il rentra dans sa chambre. L'enfant effrayé et tout ému, tant par la faiblesse où il était de jeûner que par la venue de son père, sentant la pointe du couteau dans la gorge, se tourna de côté et mourut.

A peine le comte fut-il arrivé dans sa chambre, que celui qui soignait l'enfant vint lui dire : « Sire comte, monseigneur Gaston est mort. » Mort! dit Phœbus frappé de stupeur, et il n'en voulait rien croire. Il y envoya un de ses chevaliers. Le chevalier revint confirmer la nouvelle. Le comte de Foix tomba dans une douleur horrible. « Ah! Gaston, s'écriait-il, quelle triste aventure pour toi et pour moi ! Que n'allas-tu oncques voir ta mère en Navarre ! Jamais maintenant je n'aurai si parfaite joie comme j'en ai eu devant. » Puis il fit venir son barbier et se fit raser *tout ras*, se vêtit de noir, et mit en deuil tous les gens de son hôtel. Le corps de Gaston fut porté au milieu des cris et des pleurs aux Frères mineurs d'Orthez, où là il fut enterré.

Ce sinistre événement couvrit de deuil le château d'Orthez; mais comme si ce n'était pas assez de cette douleur qui brisait le noble châtelain, le sort le frappa coup sur coup et comme sans relâche. Après la mort de son fils, le comte Phœbus perdit une femme qu'il avait beaucoup aimée, et à laquelle il avait dû s'unir avant son fatal mariage. Elle se nommait Marguerite, et habitait le château d'Orthez. Les historiens n'ont parlé d'elle qu'en racontan sa mort, qui suivit de près celle du jeune Gast ton, et fut accompagnée de circonstances qui la font rentrer dans le domaine de la légende.

Voici à peu près comment la raconte le chroniqueur, et après lui l'historien du comte de Foix.

C'était un soir, au jour tombant, tout aussitôt après la mort du pauvre enfant Gaston. Comme elle était en son oratoire, agenouillée devant son prie-dieu qui était de très beau bois ciselé, fait par un ouvrier de Bordeaux, ayant devant elle l'image du Christ et celle de la sainte vierge Marie, madame Marguerite entendit, tout près d'elle, comme un grand soupir bien long, bien douloureux. Saisie de tous ses membres, elle n'eut que la force d'adresser une fervente et bien pieuse prière à sainte Élisabeth, cousine de la sainte Vierge, en qui elle avait grande foi, pour la prier de la prendre sous sa protection, et elle n'osait tourner sa belle tête, devenue pâle de rose et vermeille qu'elle avait accoutumé d'être, quand vint un second soupir, si près, si près d'elle, qu'elle n'eut que la force de s'écrier : Jésus, Marie, Joseph, prenez pitié de monseigneur Gaston ; car il lui vint en pensée que ce pouvait bien être l'âme de ce pauvre enfant qui venait demander des prières.

Madame Marguerite, n'osant souffler mot, et appeler ses chambrières, était en grande transe ; la sueur lui coulait sur ses beaux cheveux, beaux comme ceux de la Magdeleine repentante, sur son front, sur ses joues, et elle ne savait vraiment plus ce qu'elle disait en son oraison ; quand un troisième soupir, mais un soupir qui aurait déchiré le cœur d'un damné, vint la frapper comme la foudre et la fit tomber en pamoison. Oh! sainte Marie! dit alors une des filles chambrières de madame Marguerite qui entra en ce moment : Madame est morte en son oraison! Mais elle vit bien vite qu'elle n'était que pâmée, et en grande hâte, toute pâle, aussi elle, toute tremblante, cette bonne fille alla quérir le drageoir pour réconforter sa maîtresse.

En entendant la voix de Maguelonne, madame Marguerite avait un peu repris ses sens, et disait : Sainte Élisabeth! ô mon Dieu! qu'on n'en dise rien à monseigneur Gaston, mais son gentil fils est venu se plaindre à moi. Soutenue par la fidèle Maguelonne, elle se rendit dans sa chambre, et y allant, la chambrière vit comme une ombre qui passait légère devant les vitraux de l'oratoire ; elle se signa sans mot dire, et hâta un peu la marche de sa bonne maîtresse. Dès que celle-ci fut rentrée dans son appartement, elle se hâta d'envoyer quérir un des chapelains de monseigneur Gaston.

C'était un moine vénérable de l'abbaye de Bolbonne, homme de grand âge et de merveilleuse expérience; il avait visité les saints lieux dans ses voyages, et il contait des choses si admirables des infidèles et des chrétiens de l'Orient, que parfois le comte, son seigneur et maître, le retenait le soir à la veillée auprès de lui, et souvent jusque bien avant dans la nuit. Gomez (c'était le nom du vieillard) suivit le page qui lui avait été dépêché par madame Marguerite. Sa tête chauve, comme la paume de la main, sa longue et épaisse barbe blanche, ses joues sillonnées de rides plutôt profondes que nombreuses, ses traits prononcés, mais dont la sévérité naturelle était tempérée par une certaine courtoisie de manières acquises dans ses longs voyages ; enfin son costume monacal, tout contribuait à inspirer pour lui le respect et la confiance.

Sur un signe de madame Marguerite le page se retire, et ayant prié le chapelain Gomez de s'asseoir, elle lui expose, non sans un sentiment de terreur involontaire qui altérait sa voix et sa figure, ce qui lui était arrivé dans son oratoire. Quand madame Marguerite finit de compter son aventure, elle ne put aussi, elle, s'empêcher de tressaillir de tous ses membres et de pousser un cri d'effroi ; mais le bon père se mit à la calmer avec de douces et sages paroles, et elle l'écouta avec une religieuse attention. Il lui dit que, certainement, le cas qui lui était advenu n'était pas sans exemple, et qu'il ne trouvait point surprenant que le pauvre enfant de monseigneur Gaston fût revenu dans le château de son père ; il ajouta que, dans le vieux Testament, dans les histoires des païens et dans celles des chrétiens, et dans les légendes

des saints et des saintes de notre mère l'Église, on trouvait de semblables événemens, et très véritables; que, dans nombre de circonstances, les âmes des morts revenaient sur la terre pour blâmer et prier, suivant qu'ils avaient été offensés injustement pendant leur vie, ou qu'ils se trouvaient dans le purgatoire, ayant besoin qu'on les en tirât. Enfin, Gomez, en déroulant tout ce qui vint en sa mémoire sur les esprits, consola beaucoup la dame Marguerite.

A mesure qu'il parlait, elle sentait diminuer le poids qui oppressait sa poitrine. Quand il termina en ordonnant des offrandes à plusieurs chapelles qu'il désigna, et des messes à l'autel de la Vierge de l'église d'Orthez, pour obtenir la délivrance de l'âme de monseigneur Gaston, le pauvre enfant qui, apparemment, était en souffrance, elle promit de s'acquitter au plus tôt de tous ces soins pieux.

C'était bien; mais de tristes pressentimens étaient restés dans l'esprit de madame Marguerite, et à quelque temps de là, le vénérable Gomez vint, hélas! lui donner dans son lit le sacrement des mourans, au milieu de tous les habitans du château : chevaliers, écuyers et varlets, et dames aussi, et particulièrement de ceux de son seigneur et maître; et la belle et moult amoureuse dame se vit aller de vie à trépas encore dans la fleur de jeunesse; à son dernier moment elle voulut être habillée dans une robe de religieux de saint Antonin; ce qui fut. Le vénérable Gomez, et grand nombre de prêtres, moines, seigneurs et peuple, en solennelle pompe, conduisirent son cercueil jusqu'à la chapelle qui devait la recevoir. Las! elle était bien jeune encore, et bien bonne, et bien chérie, et point ne sut-on jamais en quoi elle avait failli pour mériter si piteux sort.

III

LA
FANTAISIE DE PIERRE DE BEARN.

Gaston avait un frère qu'il aimait beaucoup; mais ce frère n'était pas heureux : il était livré à une étrange maladie, dont sa femme avait profité pour se séparer de lui, et cette maladie ne contribuait pas médiocrement à assombrir la cour du comte de Foix, déjà si triste depuis la mort du jeune Gaston. Nous retrouvons encore ici Froissart, qui raconte toujours d'après l'écuyer qui le tenait au courant des aventures de la cour d'Orthez.

Messire Pierre de Béarn, lui dit celui-ci, se lève la nuit en dormant, saisit ses armes, et se met à combattre à grand bruit contre des ennemis imaginaires. Éveillé par ses chambellans et ses valets, qui l'avertissent de cette rage, il ne veut pas croire à leurs paroles, et leur dit qu'il n'en est rien et qu'ils mentent. D'abord on lui a ôté ses armes; mais quand il se levait, sa fureur était plus terrible. On les lui a donc rendues, et quand son accès le prend, on le réveille, et il se laisse désarmer.

— Sainte Marie! demanda le chroniqueur à l'écuyer, et d'où lui vient cette fantaisie que je vous entends raconter?

On l'ignore, et lui-même n'a pu dire quelle en était la cause. La première fois qu'on s'en aperçut, c'est la nuit qui suivit une chasse à laquelle il avait assisté. Messire Pierre avait poursuivi un ours d'une taille gigantesque; cet ours avait déjà tué quatre chiens et blessé plusieurs autres ; ceux qui restaient n'osaient l'approcher. Le sire de Béarn entra dans une violente colère, et tirant une épée de Bordeaux qu'il portait, il attaqua l'animal furieux. La lutte fut longue et acharnée ; finalement, il vint à bout de déconfire l'ours, et revint à son château de Languedudon, où il fit porter l'ours comme trophée de sa victoire. Il fut déposé dans une grande salle du château, et les chevaliers vinrent admirer sa grosseur et le courage de Pierre de Béarn.

La comtesse de Biscaye, sa femme, vint à son tour visiter l'ours ; mais à peine l'eut-elle vu qu'elle tomba en pamoison. Ses femmes la rapportèrent en sa chambre, où, quand elle eut repris ses sens, *elle resta tout le lendemain durement déconfortée.* Trois jours après, elle dit à son mari :

— Monseigneur, je n'aurai jamais santé jusqu'à ce que j'aie été en pélerinage à Saint-Jacques ; donnez-moi congé d'y aller, et que j'y porte Pierre, mon fils, et Adrienne, ma fille.

Messire Pierre accorda assez légèrement la

demande. La dame partit donc, et emporta avec elle tout son trésor : or, argent et joyaux ; car elle savait bien qu'elle ne reviendrait pas. La comtesse de Biscaye prit occasion de ce voyage pour aller voir le roi de Castille, son cousin. L'accueil qu'elle y a reçu lui a tellement plu, qu'elle y est encore.

Or, voici pourquoi la noble dame était tombée en pamoison à la vue de l'ours tué par son mari. Jadis, le père de la comtesse avait rencontré le même ours dans une chasse, et comme il le poursuivait avec ardeur, il entendit une voix qui lui disait :

— Tu me chasses ; je ne te veux nul dommage, mais tu mourras de mâle mort.

Il chercha autour de lui, et n'aperçut personne. La fatale prédiction ne manqua pas de s'accomplir : le père de la comtesse fut décollé par ordre du roi Pierre-le-Cruel. Aussi, lorsqu'elle eut vu la fantaisie de messire Pierre se déclarer, la nuit même du jour où il avait tué l'ours, elle ne douta plus que de grands malheurs ne dussent* suivre cette aventure.

Voilà pourquoi elle se retira chez son cousin.

Et c'est chose toute véritable, ajouta l'écuyer. Ainsi en est et ainsi en advient, et que vous en semble ?

Alors, Froissart, tout pensif, répond avec une admirable bonne foi :

— Je le crois bien, et ce peut bien être.

Et aussitôt il se met à raconter à l'écuyer comme quoi on trouve en l'Écriture qu'anciennement les dieux et les déesses changeaient à leur plaisance les hommes en bêtes, et aussi les femmes; et à ce propos, il raconte à l'écuyer l'histoire du chevalier Actéon et de la dame Diane, déesse de chasteté. Et l'écuyer de répondre à son tour : Il peut être.

Malgré les malheurs dont nous venons de parler, le comte Gaston-Phœbus arriva au plus haut degré de puissance et de grandeur qu'aient atteint les plus belles existences féodales du temps. Seulement il devait payer son tribut à cette vallée de larmes, et il le paya par le côté le plus sensible à l'homme, par les liens de la famille et du cœur. Il mourut au comble de la gloire, et sa fin fut ce qu'elle devait être ; le noble comte succomba après une partie de chasse. Pour le chevalier qui ne tombait pas à la guerre, il était beau de mourir debout et armé, se livrant à ce belliqueux passe-temps qui en offre l'image.

IV

LE CHEMIN DU SEL.

— Pour moi, me dit Maurice, je ne comprends pas l'érudition quand elle est séparée de tout ce qui la vivifie : la vue des lieux et des monumens, les témoignages contemporains, et encore que d'erreurs et d'incertitudes!...

— A ce compte-là, répondis-je, il faudrait

dater du commencement du monde pour oser s'occuper d'histoire.

— Est-ce que vous croyez à l'histoire? répliqua Maurice avec un sourire passablement moqueur.

— Comment! si je crois à l'histoire.... mais j'ai pour elle le respect le plus profond, la foi la plus candide. L'histoire!... c'est le jugement solennel de la postérité, le lien qui unit le présent au passé; l'histoire!... c'est la leçon des peuples et des rois; c'est elle qui fait avancer l'humanité dans cette voie de progrès que lui ouvre la civilisation.

— Diable d'homme! fit Maurice entre les dents; et dire qu'il n'appartient pas même à la classe des sciences morales et politiques....

— Oui, continuai-je en m'échauffant, c'est pour avoir méprisé l'histoire, c'est pour l'avoir écrite au point de vue d'un homme et d'un système, c'est pour avoir falsifié les originaux et méconnu les sources, que l'on a encombré les bibliothèques de ces volumes mensongers qu'un homme de conscience et de bonne foi doit passer sa vie à rectifier s'il veut voir un peu clair dans tous ces faits qui se croisent, et souvent se contredisent. Voilà ce qu'ils ont fait, ces hommes que je rougis d'appeler historiens, ces écoliers d'hier, ces pamphlétaires de tous les siècles, ces arrangeurs d'anecdotes, ces.....

Je m'aperçus que Maurice ne faisait plus la moindre attention à mes paroles. Son cheval avait allongé le pas, et je me trouvais séparé de lui à peu près de la largeur de la route. Le silence de Maurice m'avait singulièrement humilié ; mais je ne fis semblant de rien. Outre que je le connais pour un être assez capricieux auquel il faut passer quelque chose, je suis son ami, et il est reconnu qu'au nombre des bénéfices de l'amitié, le sans-façon se place au premier rang. Je me contentai donc de me rapprocher de Maurice, et je le laissai tout entier à sa rêverie.

Je dois dire aussi que le moment était assez mal choisi pour une dissertation scientifique : il était six heures du soir, par un des plus beaux jours d'automne; le soleil commençait à décliner à l'horizon, et sa lumière éclatait avec richesse sur un de ces paysages du Midi, si admirables à cette heure et dans cette saison. En général, la nature du Midi offre un aspect qui serait monotone sous un ciel froid et avec une végétation moins plantureuse. Principalement dans le Languedoc, le paysage offre des lignes sévères et peu accidentées : ce sont d'immenses plaines de vignes, des champs tout jaunissans de moissons, des luzernes dont le vert sombre se détache sur les tapis de maïs mélangés de noir et de blanc; peu d'arbres, et assez rabougris; des amandiers au rare feuillage, des oliviers au tronc noueux et contourné, des mûriers à la tête ronde et sans grâce; pas d'autre cours d'eau que ceux des rivières; la poésie des ruisseaux et des beaux ombrages y est presque partout un complet contre-sens. Les étrangers qui ont rêvé du Midi comme d'un jardin des Mille et une Nuits, sont toujours très désappointés en présence de cette nature, et pourtant elle n'est pas au-dessous de sa réputation; seulement, il ne faut pas y venir chercher les beautés mignardes d'un jardin anglais des environs de Paris.

Pour l'enfant du Midi, qui aime un ciel bleu et un soleil ardent, et qui a habité pendant les longs mois d'été quelque château à demi ruiné, qui ne s'appelle plus aujourd'hui qu'*un bien de campagne*, cette nature a des harmonies enivrantes, des lignes d'une richesse pleine de grandeur et de poésie. Quand l'œil est habitué à ces effets éclatans de lumière, à ces horizons immenses, à cette végétation un peu monotone, mais animée d'une luxuriante ardeur, la poitrine se dilate, on aspire la vie par tous les pores, et sous ce climat vivre est déjà un bonheur. D'ailleurs, les jeux de l'ombre et de la lumière modifient à l'infini ces lignes qu'au premier abord on croirait inflexibles; ils les brisent, les resserrent ou les élargissent, les rapprochent ou les éloignent, selon l'heure, le ciel et la saison. Tantôt le soleil illumine de tous ses feux le paysage, tout est calme et silencieux; tantôt de légers nuages courent à l'horizon, semblables à des flocons de neige qui se joueraient dans les airs. Quelquefois, le soir, le ciel se découpe en lames d'azur et de pourpre ; alors le soleil, projetant obliquement ses rayons, suspend une vapeur transparente et dorée aux flancs des coteaux, au feuillage des arbres, au faîte des maisons : c'est l'heure où tout s'anime d'une gaieté bruyante et folâtre, où le repos du soir va succéder aux travaux du jour.

Je cheminais silencieusement à côté de Maurice, absorbé comme lui dans la contemplation d'un de ces couchers du soleil, auquel je ne crois pas qu'on puisse comparer aucun spectacle en ce monde. Sans doute, les merveilles de la nature de l'Orient et du Nouveau-Monde ne lui cèdent pas en grandeur, mais certainement elles ont un autre caractère.

— Eh bien ! s'écria mon compagnon de voyage, vous plairait-il de me dire quel est le bouquin qui vaut ce ciel ou ce soleil?

— Je suis forcé d'avouer que les livres me paraissent avoir été faits pour les goutteux, les vieillards....

—Ajoutez pour la propagation des académies, sociétés archéologiques et autres. Bien entendu qu'il faut excepter les livres immortels de quelques poètes.

— En vérité, Maurice, je ne sais quel grief vous avez contre l'érudition ; mais enfin il doit avoir un motif.

— Un motif! Dites donc une douzaine. Je ne parlerai pas de ceux qui sont communs à tous, des dissertations savantes que j'ai été obligé de subir, dissertations dans le genre de celle qui me menaçait tout-à-l'heure, des livres prétendus sérieux que j'ai eu la faiblesse de lire, des savans que j'ai l'avantage de connaître ; tout cela serait peu de chose. Sachez que la science me coûte douze mille livres de rente.

— A vous!

— A moi-même.

— Je ne vous avais jamais connu une passion aussi dispendieuse.

— Je vous prie de croire que ma bonne volonté n'y est entrée pour rien. Voici le fait :

Un de nos amis a dit ce mot charmant : Les oncles s'en vont. Malgré cet axiome, qui devient d'une vérité de plus en plus effrayante, j'avais le bonheur d'en posséder un, le modèle du genre. J'en appelle à vous, qui l'avez connu : fut-il jamais un vieillard plus aimable, plus jeune, plus goutteux, et surtout plus facile sur le chapitre des mémoires? Cette dernière qualité, la plus précieuse de toutes, était appréciée par moi comme elle méritait de l'être. Je faisais des dettes ni trop ni trop peu, et puis je m'enfermais pendant six mois dans son vieux château de la meilleure grâce du monde; enfin, je poussais l'héroïsme jusqu'à la partie de trictrac. Je ne parle pas des récits de l'émigration et de l'ancienne cour, que je n'écoutais plus tous les soirs, et cela parce que je les savais par cœur de manière à ce que la vanité du conteur n'eût jamais à souffrir de la bonne volonté de l'auditeur. Oh ! je n'ai rien à me reprocher ; s'il était le modèle des oncles, j'étais le plus parfait des neveux. Aussi, j'avais pour lui une telle affection que je ne me suis pas surpris une seule fois à trouver que ses accès de goutte étaient trop rares et que son catarrhe restait toujours au même point; c'était beau, mais c'était juste. Mon oncle administrait admirablement sa fortune, et je le voyais avec attendrissement me préparer une des plus belles terres du Languedoc.

Hélas ! cet état de choses ne devait pas durer. Voyez-vous, mon ami, nous ne sommes plus aux siècles des oncles; il y en a qui se marient, et les meilleurs finissent toujours par se gâter : c'est ce qui m'arriva. Il y a trois ans, à peu près à la même époque où vous êtes parti pour Paris, j'ai eu la folie, l'insigne folie d'aller faire un voyage, et quel voyage!... je le dis à ma honte, un voyage en Italie. Savez-vous rien de plus banal, de plus usé, de plus fade, qu'un voyage en Italie? Il faut être rapin ou homme de lettres pour se permettre une telle platitude. Or, je vous en demande bien pardon, à vous, faiseurs de livres, j'ai le bonheur de n'avoir jamais manié ni plume, ni pinceau, en vue de la postérité; et pourtant, je partis pour l'Italie.

Comment cela se fit, je ne saurais me l'expliquer; qu'il vous suffise de savoir que j'en ai été bien puni.

Pendant mon absence, une fièvre archéologique s'empara de la France départementale; il se forma dans les lieux les plus noirs de la carte de M. Dupin des sociétés de toutes sortes de choses, s'établissant en permanence pour toutes sortes de découvertes : ce fut un déluge de marbres, d'antiquités, de manuscrits, de cruches romaines et de tombeaux gothiques; la moindre borne devint un précieux document; si bien que la mangeoire de mon cheval, taillée par le vieux Pierre, le moins archéologue des maçons, occupe aujourd'hui la plus belle place de notre musée. Le petit bourg de C*** ne resta pas en arrière de ce *mouvement artistique*. Mon oncle devint un des plus zélés fondateurs de la société archéologique du lieu; malheureusement pour moi, il en fut nommé président. Malheureusement aussi, C*** possédait dans ses murs un savant complétement inédit; où n'y a-t-il pas de savans?... Celui dont je parle est un vieux radoteur taillé sur le patron de l'antiquaire de Walter-Scott; il eut bientôt tourné la tête à mon oncle, et à eux deux ils commencèrent les plus folles dilapidations. En vrai savant qu'il était, M. Duvert était pauvre; la fortune de mon oncle arrivait très à propos pour lui. Or, vous savez ce que c'est que la rage des collections. En peu de temps, mon futur château devint le plus étrange musée qu'il fût possible de voir. M. Duvert se mit à tailler en plein drap dans mon bien; il commença par faire détruire un charmant jardin anglais, sous prétexte qu'il avait servi de camp aux Romains, et qu'on devait y trouver les restes les plus précieux; il fit bouleverser de fond en comble le parc; il n'épargna rien, le malheureux! et chaque mauvaise pierre qu'il trouvait était transportée en pompe au château, et installée dans une délicieuse salle gothique que j'avais fait décorer. Bientôt, une nuée d'industriels s'abattit sur C*** pour exploiter la manie des deux vieillards; les travaux ne furent qu'un prétexte pour puiser largement dans la bourse de mon oncle, dans la mienne... Le pauvre homme se laissait faire comme le plus innocent des moutons, et je ne peux lui en vouloir; c'était pour moi qu'il accomplissait ces déplorables travaux. Oh! maudit soit le jour où j'ai témoigné le moindre goût pour les restes du passé! Pour comble d'infortune, M. Duvert joignit à ces dépenses le goût des bouquins; il partait, et revenait chargé de livres sans valeur, achetés fort cher, et toujours payés par mon oncle. C'était un vrai pillage.

Et cependant j'étais en Italie, me livrant avec une sécurité profonde à une admiration effrénée. Au bout d'un an, las de tableaux, de statues et de merveilles, je revins. Figurez-vous ma stupéfaction quand je tombai au milieu du vandale bouleversement dont je viens de vous parler. Mon oncle me reçut avec une radieuse figure.

— Viens voir, me dit-il, ce que nous avons fait pour toi.

Et aussitôt il me montra ce fouillis de défroques sans nom et sans valeur, de pierres ramassées dans les champs. J'étais confondu.

— Ce n'est pas tout, me dit-il, nous sommes en voie des plus magnifiques découvertes; les fouilles sont commencées.

Il appelait cela *commencer!* Chaque exclamation de joie de mon oncle m'exaspérait de plus en plus. Cependant, quand j'eus réfléchi à ma position, je pensai sagement que je ne pourrais détromper le vieux chevalier, encore moins déraciner en son âme le goût qui s'en était emparé en mon absence. Les passions du vieillard sont plus tenaces que celles du jeune homme. Je fis semblant d'être ravi de tout. Seulement je demandai à me mettre à la tête des découvertes. Il s'agissait d'écarter l'influence de Duvert, cela ne me fut pas difficile. Mon oncle, qui avait craint quelque opposition de ma part, eut la plus grande confiance en moi quand il vit que j'entrais dans ses vues. Resté libre, je pus restreindre les dépenses; mais pendant deux ans j'ai été attelé au joug des découvertes scientifiques.

Au bout de ce terme le vieux bonhomme mourut. Je fis mes comptes; le zèle de Duvert, les friponneries, le bouleversement du château m'avaient coûté 250,000 francs. Ne pensez-vous pas que j'aie acheté le droit d'en vouloir un peu à la science? Je devrais être de l'Académie des Inscriptions; je ne crois pas qu'aucun des membres ait payé sa place ce que me coûterait la mienne.

— Vraiment, dis-je à Maurice, il vous est bien un peu permis de mal parler de la science; mais, prenez garde, *cela porte malheur*.

Nous continuâmes ainsi à deviser, soutenant chacun notre thèse, et il allait arriver comme toujours, que presque d'accord au commencement de la discussion, nos idées s'étaient tournées le dos et marchaient de plus en plus en sens contraire. Cependant le jour baissait sensiblement, lorsque deux routes se présentèrent à nous; quoique Maurice connût les lieux, il ne voulait pas allonger notre course en prenant au hasard. Il arrêta le premier paysan qui passa pour lui demander où nous étions

— Prenèz lè cami del Sal, arribarèz tout dret à Cintogabello.

— Ah! j'y suis, me dit Maurice; voilà le chemin du Sel; au bout nous trouverons le village.

Ce mot, le chemin du Sel, ne manqua pas d'attirer mon attention; j'ai la faiblesse d'aimer les étymologies, et l'occasion me paraissait trop belle pour la laisser échapper.

— Savez-vous pourquoi le sentier qui est devant nous porte le nom de chemin du Sel? me hasardai-je à demander à Maurice.

— Je pourrais vous répondre, comme Vacossin à Pécherel : c'est probablement pour le distinguer des autres; mais j'aime mieux vous poser une autre question : Savez-vous pourquoi le village qui est devant nous porte le nom de Cintegabelle?

— Mais probablement parce qu'il est sous l'invocation de sainte Gabelle ou plutôt sainte

Gavelle, selon Dom Vaissette ; — et j'étais tout fier de mon érudition.

Maurice partit d'un grand éclat de rire.

— N'en déplaise à Dom Vaissette, tout savant et tout bénédictin qu'il était, je voudrais bien savoir dans quel martyrologe on trouve le nom de sainte Gabelle, car c'est de la gabelle qu'il s'agit ici, et non pas Gavelle?

Or, je ne sache pas qu'elle ait jamais été nulle part en odeur de sainteté. J'aurais voulu demander au paysan de tout à l'heure s'il donnerait volontiers sa voix à la canonisation de ce qu'il appelle des rats de cave, lesquels descendent en ligne droite des employés de la gabelle. C'est une bien belle chose que la science. Certes, je respecte Dom Vaissette comme un de ces savans érudits et consciencieux dont la race est perdue ; mais en voyant comment sur la plus simple chose, l'orthographe d'un nom de petit village, un homme d'une vraie science peut se tromper, ne m'est-il pas permis d'avoir peu de foi à l'histoire, surtout étayée de citations? ajouta-t-il en me regardant avec un sourire.

— Je passe condamnation pour moi, mais non pour Dom Vaissette ; mais encore un coup me direz-vous quel rapport il y a entre le chemin du Sel et la Gabelle dont ce village porte le nom redouté?

— D'abord, me dit Maurice, vous êtes du Midi, et vous devez parfaitement sentir la différence qui existe entre *cinto*, ceinte, ou *santo*, sainte. *Cinto-Gabello* veut dire *ceint par la gabelle* ou *ceinture de la gabelle*, comme vous voudrez. Pour vous faire comprendre cette étymologie, je dois vous faire remarquer que nous sommes sur la limite qui séparait la province du Languedoc de l'ancien comté de Foix. Dans cette contrée le sel était libre d'impôts, tandis que dans le Languedoc il était fortement grevé. Le village où nous allons entrer était tout-à-fait enclavé dans cette province, mais il était trop voisin d'un pays libre pour que la contrebande ne fût pas bientôt une des principales occupations de ses habitans. Les employés de la gabelle leur faisaient une si rude guerre que leur hameau prit le nom de ceint par la gabelle. Les vassaux de Foix qui faisaient des échanges avec les Languedociens, imaginèrent de construire sur la terre libre quelques masures qui n'étaient séparées du village que par des espèces de jardins. Elles jouissaient de la franchise. Un des contrebandiers imagina de remplir des outres de sel et de les attacher au ventre de chèvres dont il avait formé un troupeau, qui était devenu pour lui une source de richesses. Quand les employés arrivaient subitement à Cintegabelle, le premier habitant qui les rencontrait donnait l'éveil, en s'écriant :— *la crabo à l'hort*, la chèvre au jardin ; et aussitôt les chèvres passaient sous les yeux des douaniers dans la partie libre du territoire. Cependant le fisc d'alors ordonnait les mesures les plus sévères pour que la fraude fût arrêtée. Les employés de la gabelle étaient fort empêchés, lorsqu'un d'eux imagina une ruse qui découvrit les manœuvres des contrebandiers. Cet employé, qui se nommait Noël, selon la tradition, se déguisa en paysan, et vint un soir de-

mander l'hospitalité au plus riche habitant de
Cintegabelle, à celui que sa fortune rendait le
plus suspect. C'était le chevrier dont je vous
ai parlé tout à l'heure. Cet homme avait une
femme jeune et jolie, et il était si contrefait
que dans le pays on ne l'appelait que *Létort*
(le tortu). Comme les habitans de Cintegabelle
étaient très défians, Noël avait eu soin de se
procurer une lettre de recommandation du
pays de Foix. Létort n'aurait jamais admis un
étranger à son service sans cette considération.
Mais ce n'était pas tout pour Noël que d'être entré dans cette maison, l'essentiel pour lui était
de plaire à Jeanne, la femme du chevrier. L'orgueil et le diable aidant, il ne fut pas long-
temps sans y réussir. On raconte longuement
l'histoire de cette séduction ; mais comme, depuis notre mère Ève jusqu'aux héroïnes du
roman moderne, on a épuisé toutes les va-
riantes sur un pareil sujet, vous me permettrez
de passer outre. D'ailleurs, on prétend que
Jeanne avait mieux gardé sa vertu que son
cœur ; quoi qu'il en soit, Noël essaya de se faire

livrer le secret du chevrier. Cela ne fut pas facile ; les combats furent longs : Jeanne avait peur de son mari et elle redoutait quelque machination ; elle finit pourtant par céder. Noël, maître du secret, profita d'un moment où Létort était absent, et il livra le troupeau de chèvres à ses camarades. Malheureusement pour lui, Jeanne était une organisation ardente et sauvage. Quand elle vit que Noël l'avait trompée et qu'elle avait livré son mari, elle saisit un couteau et le plongea dans le sein du perfide employé, en lui disant : Tiens, misérable, voilà pour ta trahison et voici pour mon crime. — En même temps elle tourna le fer contre elle-même et tomba morte à son tour. Depuis lors, toutes les fois que les employés de la gabelle faisaient une saisie, ils appelaient cela *tuer les chèvres*. Le sentier que prenaient celles de Létort pour arriver en Languedoc prit le nom de chemin du Sel, c'est celui que foulent nos chevaux ; et maintenant je vous abandonne l'étymologie, *se non è vero bene trovato*. — Mais je m'aperçois que je deviens aussi conteur que l'était feu mon oncle d'archéologique mémoire. Allons, il est tard; il faut arriver à D. avant la nuit.

Nous hâtâmes le pas, et, après un temps de galop de demi-heure, nous arrivions à la grille du château de Maurice.

vious ainsi contour que l'église son epoch d'archéologiqe antérieure. Alors, il est tard; il faut arriver à Damas dans la nuit.

Nous hâtâmes le pas, et, après un trajet de près de deux heures, nous arrivions à la porte du château de Damas.

V

LE SAUT DE L'ERMITE (1).

A quelques lieues de Louvois, près d'un poétique hameau, nommé Ville-en-Selve, il existait encore il y a plusieurs années une sombre excavation, qui avait été autrefois une carrière, et qui portait le nom singulier de *Saut de l'er-*

---

(1) Quoique cette légende n'appartienne pas au Midi, nous

mite. Les habitans des environs racontent des choses étranges et merveilleuses au sujet de ce précipice. Il est vrai que sa position a dû singulièrement prêter aux récits fantastiques des conteurs de légendes. Le *Saut de l'ermite* est situé au milieu d'une forêt séculaire, loin de toute habitation ; d'épaisses broussailles en défendent l'entrée, et des cavités profondes semées tout à l'entour rendent son accès dangereux à ceux que les bruits populaires n'en éloignent pas. Pendant les troubles de la terreur, une bande de brigands avait choisi cet abîme pour repaire, ce qui n'a pas médiocrement contribué à augmenter sa mauvaise réputation. Aussi, quand les rudes labeurs de la journée sont terminés, le gouffre fatal fournit toujours à la veillée quelques uns de ces mystérieux ré-

---

croyons qu'elle trouve ici naturellement sa place. Un récit semblable nous a été fait non loin de Castres. Avant que nous le connussions, nous en avions raconté un semblable pour Louvois, d'après une tradition recueillie aussi sur les lieux. Nous avons cru qu'il était inutile de recommencer ce récit en lui appliquant les noms des lieux du Midi.

cits qui resserrent autour de l'âtre à demi éteint le cercle effrayé des jeunes filles de Ville-en-Selve; tantôt ce sont les terribles aventures d'une jeune princesse enlevée à son père en passant dans la forêt, et dont on n'a jamais pu retrouver les traces; tantôt les crimes épouvantables de monstres à forme humaine, qui ont porté le ravage et la mort jusque dans le village même. Quelquefois le narrateur rustique mêle des images riantes à ces sombres tableaux; c'est ainsi qu'il se plaît à conter comment une femme d'une majestueuse beauté s'est élevée un jour du fond du *Saut de l'ermite,* et a calmé la tempête qui avait déjà détruit la moitié de Ville-en-Selve. Mais parmi ces récits, l'origine du *Saut de l'ermite* est celui qu'il reproduit avec le plus d'amour. Le voici dans toute sa simplicité.

Vers la fin du neuvième siècle, vivait dans les bois de Germaine un vénérable ermite, qu avait nom Fulgunde. Ce saint homme passait sa vie à prier Dieu et à parcourir les hameaux voisins; à dix lieues à la ronde, il était connu et chéri de tous. Aux riches, il recommandait les pauvres ; aux malades, il apportait quelques secours ; à tous, il donnait des consolations. Le bon ermite ne demandait rien pour lui-même, et cependant une idée fixe le préoccupait ; il avait un désir, un désir aussi saint qu'il était ardent : il voulait élever une chapelle en l'honneur de la Vierge. C'était le seul vœu de sa vie ; il se mêlait à tous ses rêves, à tous ses travaux, à toutes ses prières.

Un soir que Fulgunde s'était endormi, bercé par cette douce pensée, un jeune homme lui apparut ; il était vêtu d'une robe blanche, et avait ce visage éclatant et radieux qui n'appartient qu'aux anges.

« Bon ermite, lui dit-il, le Fils de Dieu a entendu vos prières ; ce que vous désirerez s'accomplira comme vous le voulez. Prenez cette image de sa sainte Mère ; par elle, vous opérerez des prodiges. Souvenez-vous seulement des paroles du Fils de Dieu : Veillez et priez. » Fulgunde, éveillé par cette vision, trouva seulement auprès de son chevet une petite image de la

Vierge. Il la prit, la plaça dans le lieu le plus apparent de son oratoire, puis il se jeta à genoux. Avec quelle effusion il remercia la Vierge sainte! comme il était heureux et reconnaissant! Tout-à-coup une idée soudaine traversa son esprit : —Je punirai Satan, pensa-t-il ; c'est lui qui édifiera la chapelle de la Vierge. Aussitôt Fulgunde prit l'image mystérieuse, et ordonna à Satan de paraître.

Au même instant, la terre s'ouvrit, et le diable parut. Quoiqu'il n'eût pas l'air tout-à-fait humble et soumis, il ressemblait plutôt à un serviteur indiscipliné qu'à un ange déchu ; pourtant, à le considérer attentivement, on pouvait apercevoir en lui quelque chose d'étrange et en même temps de terrible.

« Or ça, maître Satan, lui dit l'ermite, la bonne Vierge m'a permis de lui édifier une chapelle ; j'ai pensé à toi pour la lui bâtir. »

On peut imaginer quelle horrible grimace fit le monstre à cet ordre. Lui, Satan, bâtir une chapelle à la Mère de son juge, sortir de son repos pour voir abaisser son orgueil à une œuvre d'esclave; c'était trop. Il essaya de fuir, l'image de la Vierge le retint comme une chaîne brûlante.

Depuis long-temps, l'ermite avait choisi le lieu où il désirait que sa chapelle fût élevée; c'était une riante colline, couronnée au sommet d'un bouquet d'arbres touffus, et qui dominait les villages voisins.

Arrivé là avec Satan, Fulgunde lui ordonna de creuser les fondemens. Quand ce travail fut terminé, l'ermite se rendit dans un vallon, dont le sol pierreux lui paraissait propre à fournir les matériaux dont il avait besoin. Il avait pris avec lui l'image sainte; il n'eut qu'à la tourner vers la terre, et aussitôt le vallon s'entr'ouvrit, et les pierres en sortirent avec grand fracas. On raconte que le démon ne mit que trois jours à les transporter sur la colline et à les tailler. Il est vrai que l'ermite ne lui laissait pas un instant de relâche; chaque fois que Satan voulait se reposer, Fulgunde tournait vers lui l'image miraculeuse, et le démon se remettait aussitôt au travail en faisant d'horribles contorsions. C'était merveille de voir avec quelle habileté il maniait la pierre, et lui donnait une forme élégante et pleine de vie; sous ses griffes, elle se découpait en rosaces brodées comme une fine dentelle, elle s'élançait en clochetons aériens, en longues colonnettes semblables à des tuyaux d'orgues; elle se sculptait en bas-reliefs, en figurines de toute espèce. Jamais ouvrier n'avait mis la main à un chef-d'œuvre aussi accompli. A chaque nouvelle pierre qui enrichissait sa chère chapelle, Fulgunde souriait de bonheur et de joie; il en aurait presque moins haï Satan, si cela eût été possible.

Cependant la nuit du quatrième jour approchait, et l'ermite n'avait pas pris un instant de repos. Malgré lui, le sommeil fermait ses paupières; il avait beau redoubler d'efforts, il ne pouvait plus surveiller le diable avec autant d'attention; enfin, disons-le à la honte de la faiblesse humaine, Fulgunde s'endormit.

A cette vue, un sourire épouvantable contracta le visage de Satan. Le sommeil du maître lui rendait sa liberté ; il ne pouvait en profiter que pour la vengeance. Ce n'était plus cet esclave soumis qui obéissait au moindre signe ; c'était l'ange du mal déchaîné, joignant à son indomptable orgueil la rage d'avoir été asservi. Il se trouvait alors sur le faîte du clocher, dont il achevait d'effiler l'aiguille percée à jour ; il glissa doucement le long de la pente extérieure, comme un enfant qui se laisse aller sur le penchant d'une verte colline ; en passant, il jetait un regard moqueur et une insulte à chaque statuette de saint qu'il avait sculptée ; on dit même qu'il porta l'audace jusqu'à promener sa queue sur le visage de ces saintes images. Arrivé au bas du clocher, il poussa un rire épouvantable, et renversa d'un coup de pied la merveilleuse chapelle.

Le fracas de la chute éveilla le pauvre ermite. Pour juger de sa désolation, figurez-vous la douleur d'un homme qui voit échouer au port le vaisseau qu'il avait chargé de ses biens. Fulgunde était consterné. Au même instant, le messager de la Vierge parut ; il avait l'air triste et affligé.

« Pauvre ermite, lui dit-il, vous avez été vaincu par Satan ; vous êtes son esclave. Vous n'avez pas su *veiller et prier* jusqu'à la fin. »

La figure horrible du diable remplaça presque aussitôt celle de l'ange auprès de Fulgunde.

« Marche, marche, lui disait-il ; tu as creusé un précipice, tu y tomberas. »

Et ce disant, il le poussa jusqu'au vallon qui avait servi de carrière, et l'y précipita.

Le pauvre ermite ne mourut pas de sa chute ; le bon ange le soutint sur ses ailes ; il intercéda même si ardemment pour lui auprès de la Vierge, qu'au bout de deux ans d'expiation Fulgunde fut rendu à son cher ermitage. La miséricorde de la Vierge ne se borna pas au pardon ; elle fit redevenir Satan esclave, et cette fois l'ermite sut se montrer si vigilant, qu'avant la nuit la chapelle était construite et le diable replongé dans l'enfer.

VI

L'ARMURE ENCHANTÉE.

I

Par une belle journée de l'an 12.., deux cavaliers cheminaient silencieusement à travers la gorge de montagnes que la Sorgue arrose de ses eaux. Le plus jeune appartenait évidemment à une classe élevée : son manteau blasonné et ses éperons annonçaient que c'était un chevalier. Pourtant ses vêtemens étaient plus que simples, ils étaient presque pauvres; sur ses traits, habituellement tristes, mais alors animés d'une joie sereine, on lisait cet âge où tous les rêves sont des réalités, âge heureux où l'on jouit avec ardeur de ces illusions de la vie, amour, gloire, bonheur, que le temps doit flétrir si vite. A cet air joyeux se joignait l'impatience d'un homme qui a hâte d'annoncer une heureuse nouvelle. Aussi, malgré le mauvais état des sentiers pierreux qu'il parcourait, pressait-il de la voix et de l'éperon le généreux palefroi sur lequel il était monté. Le noble animal semblait comprendre cette ardeur, et l'on pouvait voir à l'affection que lui témoignait son maître qu'il était le plus précieux des biens de celui-ci. L'autre voyageur, vieillard appesanti par l'âge et de longs services, suivait d'un peu loin le jeune homme; il secouait tristement la tête, comme s'il avait deviné les rêves dont se berçait intérieurement son maître, et qu'il les eût pris en pitié.

Arrivé au pied du sombre et vaste château

de Saint-Félix, siége d'une commanderie de Malte, le chevalier se détourna brusquement à droite, et, traversant la rivière à gué, il se mit à gravir la montagne par une pente raide et escarpée. Cette détermination parut vivement contrarier le vieux serviteur : il secoua de nouveau la tête, et grommela quelques paroles qui pouvaient se traduire par celles-ci :

« Il y a du nouveau aujourd'hui ; notre jeune maître, qui ne rentrait jamais au logis que lentement et plongé dans d'amères réflexions, est livré à une joie qui éclate dans toute sa personne. Pour la première fois, il passe dans ces lieux sans aller saluer le vieux commandeur ; il n'y manquait jamais autrefois. Ah ! je m'y connais, moi ; il y a de l'amour là-dessous. — Et continuant à se parler à lui-même et à faire des doléances sur l'inexpérience de la jeunesse, il s'élança avec une ardeur toute juvénile sur les pas du chevalier ; car il semblait suivre tous ses mouvemens avec une affection presque paternelle. Puis, lorsqu'il l'eût rejoint, il se retourna plusieurs fois vers le village de Saint-Félix, regrettant surtout l'oubli de la visite au commandeur, car c'était une station qui plaisait singulièrement au vieux domestique; à son teint passablement rubicond, on pouvait juger quels charmes cette halte pouvait avoir pour lui.

Cependant la montée était devenue extrêmement pénible, et malgré la contrariété qu'il en éprouvait, le chevalier avait été forcé de ralentir le pas; il laissa tomber les rênes de son cheval, et, pour tromper son impatience, adressa la parole à son vieil écuyer.

— Marcel, lui dit-il, je partirai demain soir pour assister au tournoi qui se donne à Severac; tu m'accompagneras.

— Monseigneur sait que je suis prêt à le suivre partout. Je n'ai plus la vigueur que j'avais lorsque votre père me prit à la Terre-Sainte, et lorsque j'eus le bonheur de le défendre contre un Sarrasin prêt à le tuer; aujourd'hui le pauvre Marcel ne peut plus grand'chose pour son maître, mais tant qu'il aura la force de conduire un cheval, il le suivra, dut-il encore s'acheminer avec lui vers la Terre-Sainte.

— Oh! je sais que tu es un brave et fidèle serviteur, dit le jeune homme ; quelle qu'ait été ma destinée, je t'ai toujours trouvé à côté de moi ; tu n'as pas abandonné ton maître quand la fortune l'a abandonné. Mais, reprit-il aussitôt, bien des choses changeront, je l'espère ; de meilleurs jours se lèveront. Que ne suis-je déjà à ce tournoi !

— Monseigneur prendra-t-il pour s'y rendre l'armure de son père?

— Mais, sans doute ; et, d'ailleurs, en ai-je une autre?

— On pourrait en trouver une.

— Et pourquoi? N'est-elle pas d'une solidité à l'épreuve?

— Sans doute, sans doute, Monseigneur, et j'ai vu moi-même les lances voler sur elle en éclats sans y laisser de traces ; et cependant, si j'ose le dire, à votre place je ne m'en servirais pas.

— Mon père s'en est long-temps servi, et me

l'a léguée comme la meilleure armure de toute notre province.

— Oh! reprit le vieux serviteur, ce n'est pas l'habileté qui manque aux ouvriers qui l'ont faite; mais si elle défend bien le corps, elle livre l'âme à Satan; car, voyez-vous bien, Monseigneur, je ne puis m'empêcher de croire qu'elle est sortie des ateliers du diable.

Le jeune chevalier ne put retenir un grand éclat de rire.

— Oh! vous riez, Monseigneur, dit Marcel. Voilà comme sont les jeunes gens : ils ne veulent pas croire à qui a de l'expérience. J'étais à la Terre-Sainte, moi, lorsqu'un chef sarrasin, à qui votre père avait fait grâce de la vie, lui envoya cette armure, en lui disant que celui qui la porterait serait invincible. Or, les Sarrasins ne sont pas des hommes comme les autres, et tout ce qui vient d'eux se fabrique chez Monseigneur Satan; car notre curé nous a dit que c'étaient des diables revêtus d'une forme humaine. Et puis, je l'ai bien vu, moi, dans les combats où votre père portait cette armure, elle jetait des flammes, et les traits lancés contre elle se retournaient avant de la toucher. Et croyez-vous que si elle n'avait pas passé par un feu surnaturel, elle aurait la propriété d'être inaccessible à la rouille, quand même elle resterait pendant des années exposée à l'humidité? Ah! je ne voudrais pas m'en servir, Monseigneur.

— Allons donc, mon vieux Marcel, c'est là une bien belle histoire à conter à la veillée ; mais ici, nous sommes en plein air, et nous n'avons pas de temps à perdre.

Ils venaient d'atteindre le haut de la montagne. Les voyageurs pressèrent leurs chevaux, et ayant traversé rapidement une plaine nue et sans arbres, ils arrivèrent bientôt dans le délicieux vallon où l'abbaye de Sylvanès élevait au milieu d'une vaste prairie sa jolie église et son clocher roman. Après avoir suivi quelque temps les bords de la petite rivière qui baigne les murs de l'abbaye, ils se trouvèrent en face du château de Fayet, qui paraissait être le terme de leur course.

Le château de Fayet est assis dans une très

belle vallée, au confluent de deux petites rivières ; placé à égale distance de l'une et de l'autre, il n'en est séparé que par un charmant tapis de verdure. De beaux bois de châtaigniers, arbres séculaires, couvrent le versant des montagnes opposées au château. Ce lieu n'a pas l'aspect sévère des autres vallons du Rouergue ; les rochers ne s'y étalent pas dans toute leur âpre nudité ; l'eau, qui circule partout, donne à la végétation une force et une fraîcheur que l'on ne trouve pas sur les plateaux environnans. Le village de Fayet, qui s'étend à l'aise sur une pente large et peu rapide, n'accuse pas la misère qui se montre dans tous les villages de ces pauvres montagnes ; entouré de terres assez fertiles et occupé par une population industrieuse, il est un centre, une espèce de petite capitale, et il peut passer pour un bourg. Une large et belle avenue, plantée de tilleuls élevés, conduit au château. Construction lourde et inélégante de la fin du seizième siècle, il offre un vaste carré formé par un corps de logis et deux ailes que réunit une terrasse élevée à la hauteur du premier étage, et parallèle au corps de logis. La révolution a découronné ses tours au nom de l'égalité, comme s'il était plus contraire à l'égalité de voir deux pignons pointus, en forme de poivrières, s'élever au-dessus d'un pauvre château de province, que de voir l'équipage fastueux de l'oisif qui a cent mille livres de rentes éclabousser dans la rue l'homme laborieux qui gagne tout au plus de quoi donner du pain à ses enfans.

Lorsqu'on entre dans l'intérieur du château de Fayet, on y remarque encore aujourd'hui des restes d'une antique splendeur. Des plafonds et des lambris peints et dorés, quelques restes de tentures de soie, des boiseries d'un travail remarquable, et dans la salle d'armes, nombre d'armures, de casques, de fusils de rempart, et jusqu'à une petite couleuvrine, annoncent assez quel fut son éclat et même son importance militaire dans le temps peu éloigné de nous où il était le chef-lieu du marquisat de Brusques, appartenant à la noble maison de Biron.

Dans le château, tel qu'il existe aujourd'hui, il reste très peu de chose des anciennes constructions de celui qui s'élevait à la même place à l'époque à laquelle se rapporte notre histoire, c'est-à-dire au commencement du treizième siècle. C'était alors une masse énorme de bâtimens disposés sans aucune symétrie, avec de petites fenêtres cintrées, placées irrégulièrement; trois tours de grosseur inégale, crénelées, comme tout le château, et surmontées de toits excessivement pointus; une quatrième tour, carrée, plus grosse que les trois autres, terminée en terrasse crénelée, formait un corps avancé au milieu de la principale façade, et c'était dans le bas de cette tour que s'ouvrait la grande porte du château, devant laquelle s'abaissait le seul pont-levis sur lequel on pût traverser les fossés qui l'entouraient alors de toutes parts, et qui furent comblés depuis pour former des jardins. D'énormes machicoulis avançaient au-dessus de la porte, et en rendaient l'entrée difficile à ceux même qui seraient parvenus à franchir le fossé. Du côté du village, on ne pouvait arriver au pont-levis qu'en traversant une tourelle isolée, qui, comme une sentinelle avancée, semblait veiller à la garde du château. Quoiqu'il fût encore en très bon état, et susceptible d'être fort bien défendu dans ces temps où les moyens d'attaque étaient si bornés, on s'apercevait cependant que la vie n'était plus là; on pressentait, à la première vue, et avant même d'avoir pénétré à l'intérieur, qu'il renfermait le deuil, et que le seul hôte qu'on y connût était le malheur; on voyait que ce château ne se conservait plus que par la solidité de sa construction, mais qu'une main vigilante n'était plus là pour l'entretenir chaque jour. Le pont-levis, toujours baissé, ne jouait plus sur ses gonds rouillés; la cour intérieure ne ressemblait pas mal à une mauvaise prairie; point de nombreux serviteurs à l'entour, point de ces bruits d'armes ou de meutes qui retentissaient toujours à cette époque dans les châteaux de cette importance. A l'intérieur, tout inspirait un indicible sentiment de tristesse; partout on rencontrait les restes d'une prospérité qui n'était plus, mêlés aux traces non équivoques de la misère présente.

Dans une salle dont les murs étaient couverts de tapisseries usées, se trouvait une femme sur la figure de laquelle les chagrins se lisaient encore plus que les années ; le deuil de son âme paraissait plus sombre que celui de ses vêtemens ; elle était assise sur un fauteuil en bois sculpté, surmonté d'un dais. Dans une profonde embrasure, auprès d'un prie-dieu merveilleusement ciselé, la noble châtelaine (car c'était elle) lisait, dans un grand livre relié en velours noir et orné de fermoirs en cuivre, des prières, auxquelles répondait une jeune fille agenouillée à côté d'elle. Ces deux femmes paraissaient être les seuls habitans du château, lorsque le bruit d'un cheval, qui arrive d'un pas rapide et s'arrête tout-à-coup, se fit entendre dans la cour. —Voyez si c'est mon fils, dit la dame, levant les yeux de dessus son grand livre. La suivante alla regarder par la croisée, et annonça à sa maîtresse que le sire de Fayet venait d'arriver.

— C'est bien, mon enfant; vous pouvez me laisser.

Cependant le jeune chevalier avait remis son cheval entre les mains du fidèle Marcel, et, après avoir gravi l'escalier tournant qui occupait une des tours, il venait d'entrer dans une salle bien nue et bien délabrée et toute remplie d'antiques portraits de famille. Il s'arrêta un moment devant ces portraits qui semblaient, en le rappelant au souvenir de sa triste position, faire un douloureux contrepoids aux espérances dont il se berçait. Ces portraits lui représentaient, en effet, d'une manière assez exacte tout ce qui lui restait de l'héritage de ses pères : des traditions d'honneur, des modèles de courage et de vertu, et des souvenirs d'une grande existence, toutes choses qui, malgré ce qu'on peut dire de la différence des temps, ne menaient pas plus loin au treizième siècle qu'elles ne pourraient faire au dix-neuvième. Après quelques minutes d'attente respectueuse, Henri souleva une lourde tapisserie qui masquait une porte, et il se trouva en face de la comtesse sa mère. Il s'avança pour la saluer, le cœur léger et content. La noble comtesse parut comprendre la cause de la joie qui rayonnait sur son front, et, la première, elle prit la parole.

— Eh bien! mon fils, vous venez encore du château de Creyssels?

Le ton d'inquiétude et presque de reproche avec lequel furent dites ces paroles produisit une sensation douloureuse sur le cœur du jeune homme. La joie rentra au fond de son âme; toutes ses espérances venaient de s'évanouir. Qui n'a pas ressenti cet état pénible de l'âme, lorsque l'enthousiasme qui la domine vient se heurter à une raison froide et sévère? Le jeune chevalier venait de l'éprouver, et il lui fallut quelque temps pour se décider à répondre.

— Est-ce un reproche que vous m'adressez? N'est-ce pas vous-même, ma mère, qui m'encouragiez autrefois dans mes desseins? Vous ne blâmiez pas alors ma passion naissante pour la jeune Isabelle; vous-même, vous aviez vu se former avec plaisir l'inclination la plus légitime et la plus pure, et vous appeliez de vos vœux le jour où je m'unirais par les sermens les plus sacrés à celle que vous-même m'aviez destinée.

— Hélas! mon fils, ce que vous dites n'est que trop vrai, reprit la comtesse. Aussi, je ne vous fais pas de reproches; les reproches doivent être pour moi, qui me suis trompée dans mon amour de mère, qui vous ai inspiré des passions ambitieuses que vous ne deviez pas concevoir, qui ai fait germer dans votre cœur des espérances qui ne pouvaient se réaliser. Mais si j'ai quelques reproches à me faire, n'en aurais-je pas de plus grands encore si je vous laissais suivre une voie où vous ne pouvez trouver que de nouvelles douleurs, au lieu de vous en détourner lorsque peut-être il en est temps encore. Les liens qui unissaient votre famille à la noble maison de Creyssels, l'amitié qui existait entre votre père et le vicomte de Creyssels, m'avaient fait concevoir la pensée de cette union, qui m'eût comblée de joie; la jeune Isabelle possédait toutes les vertus que je puis désirer dans l'épouse de mon fils. Mais, vous le savez, depuis la mort du vicomte, son père, toutes nos espérances ont été détruites; restée sous la dépendance d'une marâtre impitoyable et qui déteste votre famille, Isabelle va bientôt peut-être donner sa main à votre plus mortel ennemi.

— A Hugues de San-Venza! ma mère; oh! non, non, il n'en sera pas ainsi! Isabelle ne saurait lui appartenir. Écoutez, ma mère. Sûr du consentement que le vicomte Richard m'avait donné avant sa mort, j'ai cru pouvoir mépriser les ordres d'une injuste marâtre, et aujourd'hui même, à son insu, j'ai pu voir Isabelle : elle ne cédera pas à la tyrannie qu'on fait peser sur elle; elle méprise et déteste Hugues de San-Venza, ce chevalier félon dont tout l'honneur est dans la force de son bras, et qui a rempli notre pays du bruit de ses rapines et de ses cruautés. Isabelle m'aime autant qu'elle le déteste, et, fidèle à son amour et à la volonté de son père, elle ne sera jamais à d'autre qu'à moi.

— Pauvre enfant! dit la châtelaine, qu'est-ce

que l'amour d'une jeune fille appuyé sur la volonté d'un homme qui n'est plus ? Que pourra Isabelle contre la force, et du fond de la tombe que pourra son noble et loyal père pour la défendre ?

— Eh bien ! si son père n'est plus là pour la défendre, ce sera moi, à qui elle fut léguée, qui prendrai ce soin, et dans ce combat entre la force et la faiblesse, entre le crime heureux et puissant et l'amour faible, mais plein de foi et d'énergie, je ferai peut-être pencher la balance du côté de la faiblesse et de l'amour.

— Qui ? vous, mon fils, vous espérez être plus fort que Hugues de San-Venza ! Vous, à qui une femme a défendu l'approche du château de Creyssels, vous irez demander votre fiancée à votre superbe ennemi ! et où sont vos vassaux, vos serviteurs ? Vous ne pouvez rien, vous, pauvre enfant, qui n'avez que votre épée pour tout héritage, et qui demain peut-être n'aurez pas un toit où abriter votre tête.

— Et pourtant, ma mère, fort de la justice de ma cause, je mesurerai mon épée contre celle de Hugues, et cela, dans deux jours seulement.

— Que dites-vous, mon fils?

— Je dis que malgré le désir de la vicomtesse de Creyssels, Hugues n'a pu obtenir la main d'Isabelle, le comte de Rodez, son tuteur naturel, n'ayant osé la lui donner contre la volonté formellement exprimée de son père; mais il a ordonné qu'un tournoi, où se rendraient tous les prétendans à la main d'Isabelle, aurait lieu au château de Severac, et que le vainqueur, pour prix de sa vaillance, deviendrait son heureux époux.

— Et vous comptez vous rendre au tournoi?

— Pourrais-je y manquer sans forfaire à l'honneur et à l'amour? Isabelle a ma parole.

— Mais c'est une insigne folie; vous mesurer contre cet homme aux formes athlétiques, c'est courir à une défaite honteuse.

— Honteuse! non, non, ma mère; la honte serait de reculer devant le combat. Je puis être vaincu, mais aucun de mes ancêtres ne m'a enseigné à refuser une lutte, même inégale; et puis, si je dois renoncer à Isabelle, pourquoi voudrais-je continuer à traîner une vie misérable? Vivre pour maudire l'existence, est-ce un sort à désirer?

— Mon fils! dit la comtesse; et les larmes coupèrent sa voix.

— Ma mère! dit le sire de Fayet, se jetant à ses pieds, éloignez ces idées funestes. Je le sens au courage qui m'anime, ce tournoi sera la fin de nos malheurs; je reviendrai à vos pieds vainqueur du combat, et dans peu de jours, vous-même unirez à votre fils celle que vous lui avez destinée.

La comtesse fit un effort pour surmonter les funestes pressentimens qui l'agitaient, et voyant qu'il serait inutile de vouloir enchaîner son ardeur : Courage donc, sire de Fayet, lui dit-elle; souvenez-vous de votre nom, et faites noblement votre devoir là où l'honneur vous envoie. Puis, après un moment de silence : Mon fils, avez-vous le dessein de vous servir au tournoi de l'armure que vous a léguée votre père?

— Sans doute, reprit le chevalier ; vous savez que dans l'état où se trouve notre fortune, je n'ai pas le choix entre plusieurs ; et, d'ailleurs, mon père s'en est toujours bien trouvé, et en mourant il m'a recommandé, quelle que fût la position dans laquelle je pourrais être, de ne jamais m'en séparer.

— Et je ne vous blâme pas, mon fils, d'avoir rempli le dernier vœu d'un père mourant ; mais je ne puis me défendre d'un effroi secret chaque fois que je vous vois endosser cette armure. Il y a, vous le savez, une histoire de Sarrasin sous ce talisman, qui ne me laisse pas l'âme en repos.

— Contes à l'usage du peuple que tout cela, dit le sire de Fayet, bavardages du vieux Marcel. Cette armure était d'une trempe si excellente, qu'on lui a donné une origine surnaturelle.

— Je désire qu'il en soit ainsi que vous le dites.

La noble dame se retira pour vaquer à ses occupations ordinaires, qui consistaient à visiter les pauvres et les malheureux de son village, à porter des consolations à ceux qui étaient dans la douleur, du soulagement à ceux qui souffraient, des remèdes aux malades, du pain à ceux qui n'en avaient pas. Pauvre elle-même et privée des grands biens qui avaient jadis appartenu à la maison de Fayet, elle savait encore faire bénir son nom par de nombreux bienfaits dans ce village, dont tous les habitans la regardaient comme une mère ou comme une seconde Providence.

Quant à son fils, après être resté quelques instans plongé dans de pénibles réflexions, il rentra dans la salle où étaient les portraits de ses ancêtres, la parcourut avec agitation, puis courut s'enfermer avec Marcel pour terminer les apprêts du tournoi, duquel dépendaient son avenir et sa vie.

II

Malgré l'enthousiasme qui l'avait soutenu dans sa conversation avec sa mère, il s'en fallait bien que le sire de Fayet fût une nature forte, organisée pour les hasards des combats. Ce désir de gloire et cette ardeur martiale qu'il venait de laisser paraître étaient choses toutes factices en lui; d'une organisation frêle, d'une complexion délicate, le sire de Fayet portait dans un corps faible une âme faible aussi, et qui n'avait point été trempée par une forte éducation. Si son noble père eût vécu, il aurait reçu cette éducation sévère et toute martiale qui se donnait alors dans les châteaux de la féodalité, éducation qui, développant à la fois l'âme et le corps, formait ces hommes aux passions mâles, au cœur élevé, aux actions grandes comme leur cœur et leurs passions; mais, comme nous le dirons bientôt, il s'énerva de bonne heure dans une éducation féminine, il s'étiola sous les caresses d'une mère. Toutefois, l'amour, qui produit de si grandes choses, avait éveillé en lui une fibre que son éducation n'avait jamais fait vibrer, le désir de la gloire; de là ces élans d'enthousiasme qui venaient quelquefois s'allumer dans son cœur, surtout lorsqu'il était encore sous l'impression des paroles de sa jeune et belle fiancée. Mais, comme dans toutes les âmes faibles, l'impression du moment passée, son enthousiasme tombait par degrés; les difficultés grandissaient devant lui, les obstacles se dressaient comme des géans devant son imagination, et il descendait aux luttes pénibles de l'irrésolution, ce tyran des âmes qui ne savent pas vouloir et qui abdiquent leur volonté entre les mains des événemens, se reposant sur eux du soin de décider leur avenir. C'est ce qui arriva au jeune comte après son entretien avec sa mère; il y avait épuisé tout ce que son enthousiasme lui prêtait de force, il n'en trouva plus contre sa propre faiblesse. Il n'y avait pas chez lui manque de courage, et cependant il en vint à se représenter le redoutable baron de San-Venza d'après les idées du peuple, comme un être doué d'une puissance surnaturelle, et contre lequel il était insensé de se mesurer. Son adversaire était devenu un géant pour lui. Son amour le soutenait encore; mais il fallut qu'une puissance bien grande, même dans les âmes les plus faibles, l'orgueil, vînt à son secours pour soutenir son courage. En considérant les portraits de ses pères, il lui semblait que le nom qu'eux lui avaient laissé, grand et honoré, il allait le faire plus grand et plus honoré encore pour ceux qui viendraient après lui. Eux, n'avaient pas connu ces douleurs du dénûment, et presque ces angoisses de la misère, dont il se voyait chaque jour menacé ; leur richesse les avait toujours soutenus à leur rang. Mais lui, il avait à refaire tout l'édifice de sa fortune, il avait à reconstruire sa maison, à en être le nouveau fondateur. Pour cela, il n'avait qu'une épée, et à la pointe de cette épée il fallait tout conquérir. Il était impossible que de telles pensées ne produisissent pas dans une âme, même plus faible que la sienne, une sorte de commotion électrique; l'enthousiasme rentra en lui.

La maison de Fayet était une des plus nobles et des plus anciennes de la province du Rouergue ; elle possédait de grands biens, des terres considérables, plusieurs châteaux, de nombreux vassaux : c'était une maison puissante et considérée. Le dernier comte, cédant à cet entraînement qui poussait vers la Terre-

Sainte les plus nobles et les plus illustres chevaliers, et à la vanité de s'y rendre avec une nombreuse suite de vassaux, se vit obligé d'engager une partie de ses biens pour subvenir à ses dépenses pendant la guerre sainte. Si les uns se ruinaient par ces pieuses entreprises, d'autres trouvaient le moyen de s'y enrichir. Non loin de Fayet, habitait, dans un château admirablement fortifié par la nature, le baron de San-Venza. Homme dur et cruel, il avait dans tout le pays une réputation qui n'était pas usurpée; sans foi et sans mœurs, il était la terreur de la contrée dans ces siècles où l'autorité souveraine, incertaine et flottante, ne pouvait couvrir le peuple d'une protection efficace contre les entreprises sans cesse renouvelées de petits seigneurs, devenus, dans leurs châteaux inaccessibles, des voleurs de grand chemin. Le soir, à la veillée, on se racontait tout bas des histoires affreuses du château de San-Venza; on parlait de nombreuses victimes qui avaient trouvé le meurtre assis à la table de l'hospitalité, et il était un objet de terreur pour tous les voyageurs, comme ces plages qui semblent inviter le navigateur au repos, et qui sont semées d'écueils, sur lesquels une imprudente sécurité trouverait le naufrage et la mort.

Le baron de San-Venza ne s'amusait pas à aller guerroyer contre les Sarrasins; mais, sans doute pour participer à cette bonne œuvre, il consentit à prêter au sire de Fayet une somme d'argent, moyennant l'engagement de ses biens. A peine celui-ci fut-il parti pour la croisade, que le baron de San-Venza s'empara de tous les biens engagés; il ne laissa que le château. En vain, le légitime propriétaire les revendiqua-t-il à son retour, son rival prétendit qu'ils lui avaient été engagés pour une somme plus considérable que celle qu'il avait réellement prêtée, et que tous lui appartenaient. Le comte de Fayet était revenu seul, sans argent; il se trouvait, par l'usurpation de San-Venza, dépouillé de tout. Son adversaire, au contraire, était riche, puissant; il triompha.

Il n'eut cependant pas le temps de consommer la ruine de son malheureux adversaire.

Cette terrible puissance qui frappe alternativement à la porte du château et de la chaumière, la mort, vint surprendre le baron de San-Venza, et l'arrêta dans la carrière du crime. Suivant le bruit répandu alors dans le peuple, des crimes affreux auraient été vengés par un crime qui les surpassait tous, et la main d'un fils aurait tranché les jours de celui à qui tant d'orphelins pouvaient demander leur père. Quoi qu'il en soit de ces soupçons, ce fut au milieu d'une de ces scènes de débauche, si fréquentes au château de San-Venza, que le baron fut saisi de douleurs subites ; la coupe qu'il venait de vider s'échappa de ses mains ; un mouvement convulsif, rapide comme un éclair, le fit osciller sur son siége ; puis il tomba pour ne plus se relever. Tous les convives alarmés s'empressaient pour secourir leur hôte, quand Hugues de San-Venza s'écria :

« Quel sujet d'alarme y a-t-il donc? Vous vous effrayez de ce que mon noble père est moins vaillant que de coutume dans nos combats bachiques ; eh ! les armes sont journalières, il prendra sa revanche une autre fois. A la santé de mon père, messeigneurs ! »

Et il vida sa coupe d'un trait. L'orgie continua ; elle se prolongea encore bien avant dans la nuit. Mais lorsque les convives furent presque tous plongés dans le sommeil de l'ivresse et que les varlets voulurent transporter le baron dans son appartement, ils n'y portèrent qu'un cadavre.

Hugues, qui venait d'hériter des biens, des titres et du nom du baron de San-Venza, avait à peine vingt ans; mais il était depuis longtemps aussi connu que son père par ses désordres et ses crimes ; on le redoutait encore plus que lui, et à peine fut-il devenu maître de ses biens, qu'il ne justifia que trop pleinement les craintes qu'il inspirait. On ne le vit jamais reculer devant une mauvaise action, et lorsque, pour satisfaire son ambition ou sa cupidité, sa luxure ou son avarice, il ne lui fallait que commettre un crime, quelqu'atroce qu'il pût être, il ne recula jamais. Il passait dans toute la contrée pour s'être donné au diable ; on l'avait souvent vu se rendre, la nuit, dans une grotte située sur les bords du Tarn. Nul n'avait eu l'audace de le suivre en ce lieu, qui était réputé le rendez-vous de tous les esprits infernaux; mais on assurait qu'il y avait avec eux des conférences nocturnes. On racontait qu'un loup, d'une taille gigantesque et d'une férocité peu commune, parcourait souvent le pays, et y faisait de grands ravages, et que ce loup, d'une espèce tout-à-fait inconnue, n'était autre que le sire de San-Venza, à qui les *esprits* avaient accordé le pouvoir de se transformer à sa volonté.

Cette croyance populaire, qui donne à certains hommes mal famés cette étrange faculté de se changer en animaux, est encore fortement enracinée dans quelques provinces, et elle y était très générale au treizième siècle. Quelque ridicule qu'elle puisse paraître à certains hommes, on ne peut s'empêcher de remarquer que, si elle vient d'une grande ignorance des lois de la nature, elle dérive aussi d'un sens moral très développé au milieu de cette ignorance. Dans ces croyances populaires, on s'arrête trop à la forme, qui révolte la raison, et l'on ne va pas au fond, qui est souvent plein de sens ; on oublie de dégager l'allégorie d'une enveloppe grossière. Une grande ignorance a fait croire au peuple à la possibilité de ces transformations, parce qu'un sens très droit lui avait d'abord appris que l'homme, qui n'a qu'un seul but dans cette vie, la satisfaction de ses passions, n'a qu'un but purement animal ; que celui qui ne recule jamais devant cette satisfaction des passions, agit comme la brute, qui ne peut consulter une raison qu'elle ne possède pas ; enfin qu'en méprisant tous les instincts nobles et élevés de l'âme, pour ne suivre que les instincts bas et grossiers, il se sépare volontairement de la meilleure partie de lui-même, de celle qui le fait homme, pour descendre aux habitudes d'une nature inférieure à la sienne.

On me pardonnera, j'espère, cette digression. Je reviens à notre récit.

A peu près dans le même temps que mourait

le baron de San-Venza, mourait aussi le comte de Fayet, ne laissant à un enfant, à peine âgé de huit ans, qu'un nom honorable, mais une fortune détruite et un avenir d'autant plus triste que le passé avait été plus brillant. A son lit de mort, le comte de Fayet adressa à cet enfant ses dernières instructions : il lui recommanda d'imiter les vertus de ses ancêtres, leur courage, leur loyauté ; il lui dit que sa pauvreté ne serait pas une tache pour son écusson, mais que l'oubli de ses devoirs en serait une indélébile ; il finit par lui recommander de ne jamais se défaire d'une armure qu'il avait rapportée de la Terre-Sainte, et de la conserver comme un souvenir de son père. Après lui avoir donné ces instructions, il le recommanda à son ami et son frère d'armes le commandeur de Saint-Félix, qui était venu assister à ses derniers momens.

Lorsque les devoirs funèbres eurent été rendus au comte, le commandeur de Saint-Félix offrit de se charger du jeune fils, et de le faire élever dans son château suivant sa condition. Ce ne fut pas sans une vive douleur que la dame de Fayet se sépara de cet enfant, qui, dans l'abandon où elle était, devenait sa seule consolation; son cœur maternel en fit cependant le courageux sacrifice, et le château de Saint-Félix vit s'accroître la troupe peu nombreuse, mais bruyante, des enfans de noble famille que l'on destinait de bonne heure à la milice de Malte, et qui étaient élevés sous les yeux du commandeur. Ce fut avec eux que devait être placé le sire de Fayet; là il aurait reçu l'éducation qui convenait à son rang et à son nom, celle d'un chevalier. Malheureusement pour lui, il ne fit au château de Saint-Félix que de rares séjours. A une très petite distance de la commanderie, mais en s'éloignant un peu de la rivière pour entrer dans une petite gorge dont les pentes sont encore couvertes de beaux bois, se trouve l'antique abbaye de Nonnenque. Asile autrefois des nobles prières et des nobles douleurs, Nonnenque était un de ces monastères où l'on ne laissait s'élever vers Dieu que des mains bien blanches et des voix aristocratiques, où l'on n'était admis à prier le Dieu mort pour tous qu'après avoir fait preuve d'une douzaine de quartiers, et où nulle femme ne pouvait pénétrer, soit qu'elle vînt y consacrer sa virginité, soit qu'après avoir failli dans la route elle vînt y chercher la seconde innocence du repentir, qu'après avoir présenté un écusson irréprochable et vierge de toute mésalliance. L'abbaye royale de Nonnenque ne s'ouvrait pas devant des repentirs roturiers, devant des douleurs vulgaires; la féodalité avait fait Dieu à son image.

L'abbesse de Nonnenque, la supérieure de toutes ces nobles filles, était alors Ermengarde de Creyssels, d'une des plus anciennes familles du Rouergue; les vicomtes de Creyssels portaient l'orgueil de leur origine jusqu'à s'intituler *vicomtes par la grâce de Dieu*, nonobstant les défenses qui leur en furent faites à plusieurs reprises par les comtes de Toulouse et du Rouergue. Des liens de parenté unissaient les deux maisons de Creyssels et de Fayet, et l'amitié avait encore resserré ces liens entre les chefs de ces deux maisons. Frères d'armes, ils s'étaient trouvés ensemble à plus de vingt combats, et il existait entre eux cette union, cette fraternité qui résulte de la longue habitude des mêmes dangers, des mêmes espérances, des mêmes douleurs. Ermengarde, sœur du vicomte, partageait son affection pour la famille de Fayet, et aussitôt après la mort du comte, elle offrit à sa veuve un asile dans son monastère. La noble châtelaine accepta avec empressement, car elle se rapprochait ainsi de son fils.

Dès lors, le pauvre orphelin vint fréquemment dans cette pieuse retraite, et finit même par y demeurer. En sortant du château de son noble protecteur, qui ressemblait un peu à une prison, il accourait tout joyeux au monastère recevoir les caresses des bonnes religieuses; il trouvait, d'ailleurs, dans ces vastes prairies qui l'entourent, dans ces beaux bois qui forment son horizon, une liberté qu'il ne pouvait que rêver au château de Saint-Félix; et la liberté n'est-elle pas le premier instinct de l'homme, le premier amour qui s'élève dans son cœur, la première passion qui brûle son âme à l'âge où les passions ne se sont pas encore éveillées, amour, passion, sur lesquels le désenchantement ne passe jamais?

L'abbesse de Nonnenque avait pris avec elle, pour la faire élever dans son monastère, la jeune Isabelle, fille du vicomte de Creyssels; elle était du même âge que le jeune châtelain de Fayet. Les mêmes goûts réunirent bientôt ces deux enfans, et il se forma entre eux dès l'âge le plus tendre une de ces amitiés qui décident de deux avenirs, amitiés qui se fortifient avec le temps en ne faisant que changer de nom, tendres fleurs qui s'épanouissaient à l'ombre du cloître, si fatale à tant d'autres. Hélas! elle ne tarda pas à le devenir pour le jeune comte de Fayet; cette culture en serre-chaude énerva la jeune plante qui aurait grandi au grand air sous une culture forte et intelligente. Au lieu de manier un cheval, de s'habituer à l'exercice des armes, son âme s'amollissait dans les jeux puérils qu'il partageait avec la jeune Isabelle, ou sous les caresses dont leur enfance était l'objet; ils étaient encore à cet âge où le cœur s'ignore, où nulle voix intérieure n'en est venue rider la surface calme et polie, âge heureux où l'on n'entend même pas dans le lointain gronder les bruits précurseurs de l'orage, où une fleur, un caillou, un oiseau au brillant plumage, semblent tout le bonheur, et déjà ces deux enfans étaient attachés l'un à l'autre par un lien qui semblait ne devoir jamais se rompre, déjà même ils s'étaient promis de ne jamais se quitter.

La mère d'Henri de Fayet et l'abbesse Ermengarde n'ignoraient pas combien pouvait devenir puissant l'attachement de deux enfans, mais elles n'en étaient inquiètes ni l'une ni l'autre; toutes deux désiraient voir un jour s'accomplir leur union, et elles savaient que c'était aussi le désir le plus cher du vicomte de Creyssels. Elles ne pouvaient voir que d'un très bon œil les commencemens d'une amitié réciproque qui étaient, pensaient-elles, le gage assuré de leur bonheur à venir. Faibles femmes, qui voulaient, à leur guise, arranger l'avenir, et qui laissaient se former des nœuds que la main de fer du malheur devait venir impitoyablement briser !

Chaque jour apportait un anneau de plus à la chaîne qui allait bientôt lier ces enfans. Quelquefois, au milieu de leurs jeux les plus frivoles, venaient se placer quelqu'une de ces conversations où le cœur semble déjà s'intéresser, et que l'on peut observer à un certain âge comme l'aurore du jour qui va se faire dans l'âme, comme la première brise du printemps qui va se lever. Un jour qu'ils couraient à travers une vaste prairie qui s'étend sous les murs du monastère, Isabelle appela son jeune compagnon :

— Henri, lui dit-elle, n'allons pas de ce côté. La vieille sœur Ursule s'avance vers nous, et je n'aime pas à la rencontrer. — Dans le monastère de Nonnenque la clôture n'était pas entière, et les religieuses avaient la permission de sortir ; mais elles ne devaient jamais en perdre les murs de vue.

— Pourquoi donc, répondit Henri, n'aimes-tu pas la sœur Ursule ? Je l'aime bien moi, car elle a toujours quelque chose à me donner, et elle ne dit rien lorsqu'elle me voit dans le verger de l'abbesse.

— Oh! tu peux bien l'aimer, lui dit Isabelle; moi, je ne l'aime pas du tout. Elle est fort méchante, la sœur Ursule.

— Et en quoi s'est-elle montrée méchante?

— Figure-toi, Henri, qu'elle veut que je me fasse religieuse. Elle me dit qu'on est bien malheureux dans le monde; qu'il n'y a de bonheur qu'ici, dans le couvent; que nous autres ne pouvons pas le savoir, mais que nous devons croire ceux qui ont l'expérience de la vie.

— Et que lui as-tu répondu?

— Je lui ai demandé, dit Isabelle, si tu pourrais rester aussi dans le couvent; et comme elle m'a dit que tu irais à la guerre, je lui ai répondu que je ne voulais pas de son bonheur; et cependant elle me tourmente chaque jour pour me persuader d'être religieuse. Elle me dit qu'on me fera abbesse quand ma tante sera morte.

— Ce serait pourtant bien beau, Isabelle, d'être abbesse, de porter la croix d'or sur la poitrine, de s'appuyer sur une crosse en or dans les solennités, et d'être la maîtresse de toutes les religieuses, et de recevoir les hommages de tout le pays.

— Mais toi, Henri, que ferais-tu si j'étais abbesse ?

— Oh! moi, dit Henri, je ne quitterais pas ces lieux. Tu sais le berger qui garde dans les bois les troupeaux du monastère; eh bien! je me ferais berger, et tu me donnerais tous tes troupeaux à garder, et je resterais au couvent.

— Mais ce n'est pas ainsi que je veux te voir, répondit Isabelle. Toi, tu seras un noble et vaillant chevalier; je te broderai une écharpe qui te portera bonheur dans les combats; tu seras paré de mes couleurs, et lorsque tu seras vainqueur, ce sera moi qui te couronnerai. C'est là le bonheur, vois-tu? on ne le connaît pas au couvent. Oh! je le sais bien; car toutes les sœurs ne parlent pas comme la vieille Ursule. Tiens, regarde là-bas la pauvre sœur Alice. — Elle lui montrait une jeune religieuse à l'air pâle et souffrant, aux joues creuses, dont les beaux yeux semblaient noyés de larmes, et qui les regardait avec une sorte de joie pénible, appuyée sur la grille du jardin. Elle était belle, la sœur Alice, et la souffrance la rendait plus belle encore ; on eût dit, à la voir ainsi, l'ange de la mélancolie.

— Eh bien! dit Isabelle, elle est bien malheureuse, la pauvre sœur Alice ; elle me l'a dit à moi ; mais ne le redis pas : tu la ferais gronder. Elle m'a dit que le bonheur n'était pas dans le cloître, et de fermer l'oreille aux discours de la vieille Ursule. Vois comme elle a l'air de souffrir ; allons la consoler, Henri. — Et les deux gracieux enfans, se tenant enlacés tous deux et laissant leurs belles boucles de cheveux flotter au gré du vent, légers comme deux jeunes faons qui courent après leur mère, se trouvèrent en un instant auprès de sœur Alice.

— Bonjour, sœur Alice.

— Bonjour, mes enfans. — Et sa blanche main, amaigrie par la fièvre, passait à travers les boucles de leurs cheveux. Elle semblait, par les regards qu'elle lançait sur eux, vouloir puiser une nouvelle vie à ces deux sources si pures et si limpides. Des souvenirs, bien loin déjà, venaient en foule à sa pensée et faisaient errer sur ses lèvres un souvenir d'une ineffable mélancolie. On voyait que son âme avait été le théâtre de longs et pénibles combats ; que de grands déchiremens avaient flétri ce cœur sur lequel le cloître avait pesé comme la pierre d'un cercueil, et que la robe de bure, semblable à la robe de Déjanire, avait livré cette existence aux étreintes d'un mal inconnu qui la consumait.

— Heureuse enfant ! dit Alice d'une voix douce et triste, en déposant un baiser maternel sur le front d'Isabelle ; heureuse enfant ! puisses-tu n'apprendre jamais ce que coûte ici le bonheur !

Le tintement de la cloche qui appelait les religieuses à l'office se fit entendre, et sœur Ursule, qui épiait les larmes de la pauvre Alice, avançait vers eux. Celle-ci se retira vers le monastère. Deux larmes coulaient de ses yeux, et les enfans purent suivre encore quelque temps son grand manteau blanc qui fuyait à travers les allées. Quel triste mystère, quel douloureux sacrifice renfermait le cœur de la jeune religieuse? nul ne le sut ; mais, depuis ce jour, elle ne descendit plus dans les prairies, elle ne porta plus ses pas hors du monastère. Seulement, du haut de sa fenêtre, elle répondait par un sourire au salut des deux enfans. Puis un jour ils l'appelèrent en vain ; Alice ne répondit pas : Alice avait cessé de souffrir.

Peu de temps après ils gravissaient tous deux la montagne qui domine le monastère. Il faisait une de ces journées chaudes et lourdes où l'on dirait que l'air va bientôt manquer à la poitrine resserrée. Tout présageait un orage. De grands nuages grisâtres s'amoncelaient, les teintes du ciel se rembrunissaient peu à peu et devenaient unies comme lorsque les nuages sont prêts à laisser échapper la pluie qu'ils ne peuvent plus contenir. Bientôt de larges gouttes d'une eau tiède commencèrent à tomber, quelques éclairs sillonnèrent le ciel, et un bruit de tonnerre lointain se perdit en roulemens étouffés. Henri et Isabelle cherchèrent un abri contre la tempête et se réfugièrent sous un gigantesque *dolmen*, qui leur offrait à quelques pas la protection de son large toit. A peine s'étaient-ils abrités que l'orage éclata avec violence. Les éclairs se succédaient à des intervalles imperceptibles et remplissaient de leur sinistre lumière tout l'intérieur du *dolmen*; le tonnerre éclatait avec fracas, et le son répercuté par les rochers roulait pendant long-temps dans les gorges voisines. La pluie tombait avec une violence telle que l'air en était obscurci, et l'on eût dit au craquement des chênes que le vent allait déraciner la forêt.

Isabelle se pressait, tremblante de peur, contre son jeune compagnon qui essayait de la rassurer.

— Ne crains rien, lui disait-il, Isabelle; je te protégerai, moi; je suis assez grand pour te défendre.

— Mais tu n'arrêterais pas le tonnerre, s'il pénétrait jusqu'à nous.

— Eh bien ! disait Henri, il ne te frapperait pas toute seule ; nous mourrions ensemble.

— Oh ! ne parle pas ainsi, reprenait Isabelle; tu me fais peur. Mais, vois donc, ne dirait-on pas que nous sommes ici dans un tombeau? Et si cette énorme pierre qui nous abrite écrasait les deux pierres qui la supportent sur les côtés, ce tombeau serait le nôtre pour toujours. Oh ! viens, allons-nous-en ; j'ai peur ici.

Et Isabelle l'entraînait malgré la pluie hors du tombeau druidique, qui leur avait offert un refuge, et ils allaient reprendre le chemin du monastère, lorsqu'ils aperçurent un homme d'une haute taille, d'une figure sévère, et dont l'œil scrutateur brillait d'un éclat extraordinaire. Debout, devant l'entrée du dolmen, il les regardait avec une remarquable curiosité. Ils s'arrêtèrent saisis d'épouvante, car cet homme avait le regard faux et louche, et ils l'entendirent leur adresser quelques mots qu'ils ne purent comprendre ; puis il disparut.

Ces deux pauvres enfans restèrent tout tremblans, et ce ne fut que long-temps après qu'il se fut éloigné, qu'ils purent reprendre le chemin du monastère, non sans frémir souvent à la pensée de cet homme dont le regard les avait tenus immobiles et attentifs comme le pauvre oiseau sur lequel le serpent exerce une mortelle fascination. A cet âge encore bien tendre, où les impressions s'effacent si vite, cette rencontre laissa de fortes traces dans leur esprit. Ces deux enfans se rappelaient souvent la présence de cet étranger comme un funeste présage, et ils croyaient souvent entendre autour d'eux la voix lugubre qui s'était échappée de sa poitrine. L'un et l'autre le virent souvent leur apparaître dans leurs rêves, et crurent l'entendre leur jeter ces mêmes paroles dont ils ne comprenaient pas le sens.

III

Cependant les deux enfans avaient grandi. Déjà des idées sérieuses, des pensées d'avenir s'élevaient dans leur esprit; les jeux de l'enfance n'étaient plus leur occupation, et ils étaient au moment où leur amitié allait changer de nom. La jeune Isabelle quitta l'abbaye de Nonnenque pour retourner au château de son père. De son côté, le jeune comte de Fayet s'en fut avec sa mère habiter le vieux manoir de sa famille.

Sa position ne s'était pas améliorée. Non seulement Hugues de San-Venza n'avait rien voulu restituer des biens qu'avait usurpés son père, mais il lui avait intenté un procès pour le dépouiller du seul château qui lui restait. D'un autre côté, le vicomte de Creyssels se trouvait allié à Hugues par un second mariage qu'il avait contracté depuis peu d'années. Cette parenté donnait à Hugues un accès facile au château de Creyssels ; et il n'eut pas plus tôt vu Isabelle, qu'il conçut l'espoir d'obtenir sa main. Le vicomte, qui la destinait au sire de Fayet, et qui estimait le baron de San-Venza ce qu'il valait, ne se montra point favorable à son désir. Malheureusement il mourut, et Isabelle, livrée à une marâtre injuste et méchante, vit mettre tout en œuvre pour lui faire accepter le baron de San-Venza. Nous avons déjà dit comment le comte de Rodez avait ordonné qu'elle serait le prix du vainqueur dans un tournoi auquel assisterait toute la noblesse de la province.

Le sire de Fayet avait été honteusement chassé du château de Creyssels. Cependant, le jour où nous l'avons vu revenir à son vieux castel, le cœur plein d'espérances, il lui avait été donné de voir en secret celle que son cœur adorait ; ils avaient repassé ensemble tous les souvenirs de leur enfance. Elle lui avait renouvelé la promesse de ne jamais appartenir à son odieux rival ; elle l'avait assuré qu'à lui seul appartenait son amour.

— Isabelle, lui disait le comte de Fayet, seul au monde, privé de mes biens, déchu de mon rang, je ne suis plus attaché à la vie que par un seul lien. Voudrais-tu le trancher? D'un mot tu peux me tuer ou me faire vivre ; mettre le comble à mes malheurs, ou me les faire tous oublier. Eh bien ! ce mot, je l'attends à tes genoux. Prononce-la, cette parole de vie qui seule peut me donner le courage de vaincre ma déplorable destinée.

— Douterais-tu de mon cœur? reprit Isabelle. N'avons-nous pas grandi ensemble? Ne sommes-nous pas l'un à l'autre dès nos plus jeunes années? Ne te souvient-il plus que, jouant tous deux dans les vertes prairies de Nonnenque, je t'ai choisi pour mon chevalier? Eh bien! je te choisis encore; l'amour ratifie aujourd'hui le choix qu'ignorante je faisais alors. Ensemble nous avons grandi, nous vivrons ensemble. Que m'importent les tourmens que l'on me fait souffrir; ils ne sauraient atteindre mon cœur ni ma volonté. Mon cœur est à toi; il repousse tout autre hommage que le tien.

Henri était aux genoux d'Isabelle, l'écoutant avec ravissement. — Maintenant, lui dit-il, je me sentirai fort contre le malheur qui me poursuit; maintenant je le regarderai en face, et je défierai les coups de la fortune. Aux yeux du monde je ne suis rien, car je n'ai pour héritage que mon courage et mon épée; mais à mes yeux, je suis plus riche que mon orgueilleux rival, car je possède ton amour, ton amour qui ferait braver mille dangers et mille morts. Oui, je le sens, continua-t-il avec exaltation, mon courage suppléera à la force, et Hugues de San-Venza, vaincu, apprendra qu'il n'est pas de victoire impossible au courage et à l'amour.

— Oh! oui, dit Isabelle, Hugues, cet homme affreux, tout souillé de crimes, pliera devant toi, toi, mon brave et loyal chevalier. Dieu protégera deux orphelins opprimés contre l'impie dont les iniquités ne peuvent se compter. Ce tournoi, vois-tu, sera le jugement de Dieu, et Dieu sera pour toi.

— Ecoute, Isabelle, reprit Henri; dans deux jours le tournoi aura lieu; dans deux jours, je me mesurerai sans crainte contre le plus odieux des hommes; mais avant que je me sépare de toi pour aller me préparer au combat, que nos sermens solennels nous unissent l'un à l'autre à la face de Dieu qui nous entend. Pourrais-tu hésiter, Isabelle? Ton père n'avait-il pas approuvé notre amour?

— Non, Henri, non, je n'hésite pas ; j'en prends à témoin l'ami de mon père qui me destinait lui-même à être ton épouse ; je m'unis à toi par les sermens les plus sacrés. Je te confie ma destinée ; elle t'appartient désormais.

— Vienne maintenant le jour du combat ! s'écria Henri. Honneur et amour sont ma devise. A moi la victoire !

Et ayant abandonné à regret la blanche main qu'Isabelle lui avait offerte comme gage de ses sentimens, il s'élança sur son cheval, et reprit la route du château de Fayet où nous l'avons déjà laissé se préparant au tournoi.

IV

Le soleil venait de se lever, et dorait de ses premiers rayons les hautes tours du château de Severac ; jamais le printemps n'avait étalé ses trésors avec plus d'éclat et de magnificence que par la belle matinée du mois de mai qui venait de commencer. Le ciel aurait pu, ce jour-là, sans hyperbole, être comparé par les poètes à un océan d'azur ; aucun nuage n'en troublait l'uniformité. Quelques vapeurs d'une admirable transparence s'élevaient aux extrémités de l'horizon, et adoucissaient les contours un peu heurtés des dernières chaînes de montagnes qu'elles voilaient légèrement. Dans ces beaux jours du printemps, la nature la plus sauvage se revêt d'une apparence de gaieté, elle se pare coquettement, elle met sa robe de fête. Aussi, quoique la plaine de Severac n'offre rien de bien remarquable aux amateurs d'une nature pittoresque, elle était admirable ce jour-là à contempler du haut du château qui couvre le sommet d'une petite montagne entièrement isolée au milieu de cette plaine. Peu à peu le paysage s'anima ; de tous les côtés arrivaient des chevaliers pour prendre part au tournoi, et des habitans des lieux circonvoisins pour en être paisibles spectateurs. Une vaste enceinte avait été marquée comme lieu du combat, et au bout de peu de temps elle était entourée de groupes animés de curieux, qui discutaient sur la force des divers champions, sur les chances de chacun d'eux, et surtout sur le prix réservé à l'heureux vainqueur; puis on vit successivement sortir du château tous les nobles hôtes qui y étaient déjà arrivés la veille pour être présens à ce combat. Le comte de Rodez lui-même s'y était rendu, et un siége élevé lui avait été préparé à côté du trône destiné à la reine de la beauté et des amours, qui était la jeune et séduisante Isabelle de Creyssels. Lorsqu'elle parut, un murmure flatteur courut dans toute la foule. C'est qu'elle était bien belle avec ses dix-huit ans, ses beaux yeux bleus d'une inexprimable douceur, et ses longs cheveux noirs qui encadraient un visage du teint le plus blanc et les traits les plus réguliers qu'il fût possible de trouver dans toute la contrée. Elle promena en rougissant un regard mal assuré sur les chevaliers qui l'entouraient; elle n'y trouva point celui qu'elle cherchait. Autour d'elle étaient les seigneurs les plus recommandables de la province, et au milieu d'eux Amaury, comte de Severac, qui remplissait, avec le sénéchal de la province, les fonctions de maréchal du tournoi.

Cependant le baron de San-Venza était entré en lice, et avait déjà parcouru deux fois l'enceinte de l'arène en faisant piaffer et caracoler son cheval. Ses formes athlétiques se dessinaient sous son armure, et son cheval pliait sous le poids de ce colosse bardé de fer. Il fit annoncer par un héraut qu'il était prêt à répondre à quiconque se présenterait pour l'attaquer, et à combattre à pied ou à cheval, avec la lance, le glaive ou la dague. Quatre chevaliers s'avancèrent dans l'arène, et vinrent le défier. Les deux premiers furent facilement défaits, et n'opposèrent que peu de résistance au bras vigoureux du redoutable baron; le troisième était Raimond-Jordan, vicomte de Saint-Antonin. La lutte fut longue, bien disputée; à deux reprises, les deux chevaliers fondirent l'un sur l'autre avec impétuosité, mais sans que dans aucun de ces deux chocs il y eût d'avantage marqué; au troisième, les coups furent si violens, que les lances volèrent en éclats. Le cheval du vicomte de Saint-Antonin plia sur ses jambes de derrière, et roula dans la poussière avec son cavalier. Le baron de San-Venza chancela un moment sur son cheval ; mais, comme une masse énorme qui n'a reçu qu'un léger choc et n'a pu s'écarter de son centre de gravité, le baron resta en selle. Déjà son adversaire s'était relevé, et avait mis l'épée à la main ; il descendit aussi, et alors commença entre eux un nouveau combat. Bientôt, cependant, le vicomte de Saint-Antonin, étourdi par un violent coup d'épée, tomba sans mouvement, et les maréchaux s'approchèrent, déclarant la lutte terminée entre les deux chevaliers. Après lui, vint le baron de Castelpus, qui combattit vaillamment, mais ne put soutenir long-temps la force prodigieuse de Hugues de San-Venza. Nul autre chevalier ne se présentait, et le peuple, qui détestait le baron, murmurait déjà de le voir vainqueur. Inquiète et agitée, la reine de la beauté tournait ses regards vers l'extrémité de l'arène. Tout-à-coup on vit les rangs pressés s'ouvrir devant un chevalier qui accourait de toute la vitesse de son cheval. Un long murmure d'approbation accompagna son entrée ; il était couvert d'une armure toute noire, sans aucune marque distinctive. Il fit lentement le tour du camp, salua en passant la reine de la beauté, et fut se placer immobile à l'extrémité opposée à celle où se tenait le baron de San-Venza. Un éclair de joie brilla dans les yeux d'Isabelle ; elle l'avait reconnu.

Un héraut vint annoncer que très haut et très puissant seigneur, Henri, comte de Fayet, marquis de Brusque et de Camarès, défiait le baron de San-Venza, lui offrait le combat à toute outrance, à pied et à cheval, à la lance, à l'épée, à la dague et à toutes autres armes qu'il lui plairait de choisir.

— Tu n'es qu'un vil imposteur ! cria d'une voix tonnante le baron de San-Venza ; tu ne possèdes aucun des titres que tu as énumérés ici ; c'est moi qui suis comte de Fayet, marquis de Brusque et de Camarès, et il ne me convient pas d'accepter le défi d'un homme qui ne possède pas le plus mince fief.

Le sire de Fayet allait répondre ; mais le commandeur de Saint-Félix s'avançant au milieu du camp :

— Baron de San-Venza, lui dit-il, il est inutile d'ajouter l'insulte aux outrages dont vous vous êtes rendu coupable envers le sire de Fayet ; il est noble comme vous, et vous ne pouvez refuser le combat.

— Et si tu ne te mets sur-le-champ en défense, reprit le sire de Fayet, je te proclamerai partout lâche et félon.

Le peuple applaudit à ces mots, et Hugues, la rage dans l'âme, s'avança vers son adversaire.

Tous deux, la lance en arrêt, se précipitèrent l'un sur l'autre ; mais, arrivés au moment de se toucher, ils passèrent à côté l'un de l'autre, comme si d'un commun accord ils eussent dédaigné de se porter des coups qui ne seraient pas décisifs. Une seconde passe n'eut pas plus de résultat que la première ; mais à la troisième, la lance du baron se brisa sur le bouclier d'Henri, et lui-même heurta de sa lance la poitrine de son adversaire avec une force telle que celui-ci fut renversé du choc avec son cheval. Henri sauta à l'instant même à terre, et avant que San-Venza eût pu se relever, il avait tiré son épée, et, lui plaçant un pied sur la gorge, il le força de s'avouer vaincu.

D'énergiques applaudissemens se firent entendre aussitôt tout autour du camp; l'humiliation du baron de San-Venza était une fête publique. Mais ce qui dut le plus flatter l'orgueil du jeune vainqueur, et surtout ce qui parut le plus doux à son cœur, ce fut la joie que sa belle fiancée laissa paraître et qui rayonna à l'instant même sur sa figure; elle l'accueillit avec ce sourire qui, pour un cœur qui aime, est la plus belle récompense du succès.

Cette brillante passe-d'armes termina la première journée du tournoi; les spectateurs se retirèrent en s'entretenant de l'issue si peu attendue du combat.

— J'ai vu, disait l'un, une aigrette de feu sur son casque lorsqu'il est entré dans la lice.

— Et moi, disait un autre, j'ai vu son armure lancer des éclairs, quoique le soleil ne donnât pas dessus.

— Je puis vous assurer, reprenait un troisième, que la lance du baron de San-Venza s'est brisée en l'air avant d'avoir touché la cuirasse du sire de Fayet.

Puis un quatrième affirmait que, lorsqu'il avait tiré son épée en mettant le pied sur la gorge du baron, son épée avait paru en feu. Le vieux Marcel, qui assistait à cette conversation, ne manqua pas de corroborer tous ces témoignages par l'histoire du Sarrasin de qui provenait cette armure; mais comme il annonça que l'histoire serait un peu longue, il entra avec quelques bourgeois à l'auberge des *Trois-Mages*, qui se trouvait à l'entrée du village, et en se versant de copieuses rasades, il leur déduisit toutes les raisons qui lui faisaient croire que l'armure de son jeune maître avait été fabriquée par le diable en personne.

V

Tandis que les auditeurs du vieil écuyer frémissaient à ses récits et plaignaient le jeune chevalier d'être à son insu dans les filets de Satan, tandis qu'au château de Severac le cœur des deux fiancés s'ouvrait aux plus douces espérances, Hugues de San-Venza dévorait avec rage l'humiliation qu'il venait d'éprouver; mais il n'était pas homme à rester dans l'inaction. Le tournoi devant durer deux jours, le lendemain allait être le jour décisif; il se promit bien de prendre une éclatante revanche. Il connaissait les bruits qui couraient parmi le peuple sur l'armure du comte de Fayet; il résolut d'aller trouver un homme qui lui avait déjà été utile en plus d'une rencontre.

Nous avons dit qu'il était sur les bords du Tarn un lieu regardé alors comme le rendez-vous des esprits infernaux, et que le baron de San-Venza était soupçonné de s'y rendre fréquemment. Là se trouve, en effet, dans des rochers affreux, une grotte longue et étroite, d'une entrée difficile, et qui paraît n'être autre chose qu'une galerie ouverte de mains d'hommes pour l'exploitation d'une mine d'argent. Dans cet antre, demeurait à cette époque un homme à qui le peuple attribuait le pouvoir d'évoquer les esprits et de faire des pactes avec le diable. Hugues avait déjà eu des relations avec lui; car, outre qu'il se livrait aux sciences occultes, Matteo composait aussi des poisons très actifs, science qui n'avait pas été tout-à-fait inutile à Hugues dans plus d'une circonstance de sa vie. C'est auprès de cet homme qu'il se décida à se rendre. Il était près de minuit lorsqu'il arriva à la caverne de Matteo; la nuit était claire, parsemée d'étoiles, le ciel pur et serein ; la lune brillait de l'éclat le plus vif, elle projetait sa lumière sur des pics de rochers, auxquels elle donnait les formes les plus fantastiques; elle se jouait à travers le feuillage des arbres, et elle argentait la surface unie et immobile de la rivière, lui donnant l'aspect d'un miroir d'acier poli. L'orfraie interrompait par des cris jetés à intervalles égaux le silence de cette belle nuit. En approchant, Hugues aperçut, à la lueur d'un rayon de lune qui allait se briser à l'angle de la caverne, Matteo assis et se détachant en noir sur un rocher vivement éclairé ; il considérait les étoiles.

— Je pensais à toi, baron de San-Venza ; je lisais là-haut que tu te trouvais à un moment critique de ta destinée, et je pensais que tu viendrais ce soir me demander un conseil.

— Tu as deviné juste, Matteo, et si le conseil que tu me donneras est bon, je te ferai plus riche que dans tes rêves tu n'as jamais espéré le devenir.

— Tu veux donc, reprit Matteo comme sans faire attention à ce que venait de lui dire le baron, tu veux donc vaincre demain ton rival dans le tournoi?

— Et épouser Isabelle. Peux-tu me promettre tout cela ?

— Je puis vous promettre la victoire.

— Donc j'épouserai Isabelle.

— Je l'ignore, Monseigneur, mais vous serez vainqueur.

— Parle donc, Matteo; quels sont tes moyens?

— Votre rival a une armure enchantée; il vous faut un talisman plus fort que le sien pour pouvoir en triompher.

— Et ce talisman, peux-tu me le donner?

— Je le puis, Monseigneur, ou du moins je puis vous mettre en communication avec un personnage qui vous le donnera.

En disant ces mots, il se leva, et conduisit le chevalier dans sa caverne, qui n'était éclairée que par le rayon de la lune qui touchait à l'entrée. Hugues ne put se défendre d'un sentiment de terreur en pénétrant dans cet antre.

Le fond de la caverne s'illumina, et une ombre parut, d'abord indécise, puis se dessinant de plus en plus, et enfin elle accusa tous les attributs que les imaginations les plus fécondes ont imaginés pour dépeindre le roi des enfers.

— Baron de San-Venza, dit l'ombre de Satan, je suis charmé de faire connaissance avec toi ; tu es un homme précieux pour nous, et tu nous a envoyé tant d'âmes, que nous réservons une place distinguée pour la tienne. Pour notre première entrevue, je veux t'accorder tout ce que tu demanderas.

— Monseigneur, dit le baron, je demande un talisman plus puissant que le talisman de mon rival, et qui me donne la victoire comme il l'a obtenue aujourd'hui.

— Rien de plus simple, baron ; mais, pour prix de ma complaisance, que me donneras-tu ?

— Mon âme, Monseigneur, si vous la voulez.

Un long éclat de rire, mais un éclat de rire infernal, partit derrière le chevalier, qui en fut tout déconcerté, et fut répété encore longtemps par les échos du vallon.

— Ton âme, reprit Satan ; tu nous ferais vraiment un beau cadeau ! Comme si elle ne nous appartenait pas déjà ! Donne-nous autre chose, mon cher baron ; l'âme de ceux qui te sont les plus chers.

—Prends donc alors l'âme de mon beau

cheval de combat ou de mon grand levrier noir.

— Trêve de plaisanterie, sire de San-Venza; je n'ai guère le temps d'en entendre.

— Mais tu me demandes ce qui m'est le plus cher, je te nomme les seuls êtres pour lesquels je me connaisse quelque affection.

— Assez, illustre baron; tu feras frémir même les enfers quand j'aurai le plaisir de t'y recevoir. Donne-moi l'âme de ta fiancée.

— Très volontiers.

— Alors, signe ces deux écrits.

L'apparition s'évanouit, et le chevalier se retrouva seul avec Matteo, qui lui présentait une des deux feuilles de papier rouge qu'il venait de signer. Il lui ordonna de la placer sous sa cotte de mailles; elle devait lui donner la victoire.

A peine le jour eut-il reparu, que la plaine de Severac offrit le même spectacle que la veille; les spectateurs s'empressaient pour être témoins du combat décisif, et tous les vœux étaient pour le comte de Fayet. On le vit sortir du château de Sévérac, conduisant la reine de la beauté, entourée d'un long cortége de chevaliers; assez loin derrière eux, le fidèle Marcel suivait triste et pensif. Le matin, en nettoyant l'armure de son maître, cette armure qui ne se rouillait jamais, il y avait découvert une tache, et il n'avait pu l'enlever.

Les clairons annoncèrent l'ouverture du combat. Le baron de San-Venza et le sire de Fayet parurent bientôt tous les deux dans l'enceinte; ils se tinrent un instant immobiles, chacun à une des extrémités de l'arène. A travers leur visière, leurs yeux lançaient des éclairs, et on y lisait toute la fureur dont ils étaient animés. A un signal donné, ils coururent l'un sur l'autre avec une ardeur inouïe, et au premier choc leurs lances se brisèrent; mais ni l'un ni l'autre ne perdit l'équilibre. Ils reçurent chacun une nouvelle lance de la main de leurs écuyers, et le combat recommença. Après quelques coups brillans portés de part et d'autre, mais sans résultat, la lance du comte de Fayet, allant frapper droit au milieu du bouclier de son adversaire, le fit chanceler sur son cheval. Le baron de San-Venza, saisissant alors sa masse d'armes, la lança avec une telle violence sur le casque du chevalier de Fayet, qu'il tomba étourdi du coup qu'il venait de recevoir. Hugues s'élança à terre aussitôt; mais déjà, aux grands applaudissemens de la foule, Henri s'était relevé, et avait mis l'épée à la main. Alors s'engagea un combat admirable par l'adresse des deux champions; les coups volaient avec rapidité, et étaient parés avec une égale promptitude; les épées brillaient comme des éclairs. Le peuple suivait cette lutte avec un intérêt toujours croissant; à chaque instant, des cris de joie ou de stupeur s'élevaient, suivant que la chance tournait pour l'un ou pour l'autre combattant. Mais c'était surtout Isabelle qui assistait à ce combat avec une inquiétude marquée; son visage était comme un miroir fidèle qui réfléchissait les diverses émotions qu'elle éprouvait, les alternatives de crainte ou d'espérance qui se succédaient rapidement en elle.

Cependant la chance se maintenait égale entre les deux combattans ; on eût dit qu'aucun des deux talismans ne pouvait triompher de l'autre, et que dans la balance où se trouvaient jetées ces deux destinées, nulle ne pouvait l'emporter. Le comte de Fayet, impatient, redoublait d'ardeur à mesure que le combat se prolongeait. Le baron ayant remarqué ce qui se passait dans l'âme de son bouillant adversaire, en profita habilement ; renonçant à attaquer, il se plaça sur la défensive ; se contentant de se couvrir et de ne donner aucune prise à son ennemi, il ressemblait à un rocher qu'un enfant essaierait d'ébranler. Le sire de Fayet, s'irritant de cette résistance d'inertie dont il ne pouvait triompher, rugissait autour de lui, tournait dans tous les sens, sans pouvoir écarter un bras de fer qui repoussait tous ses coups, tandis que Hugues, plus habile, le voyait s'épuiser en efforts impuissans. Bientôt la sueur ruissela de tous ses membres ; son bras s'était lassé, ses coups tombaient sans force, ses muscles se détendaient, comme il arrive après une grande fatigue. Le baron de San-Venza poussa un rugissement semblable à celui que fait entendre le tigre au moment où il se jette sur sa proie ; d'un coup sec et rapide il écarta l'épée fatiguée du sire de Fayet, et, faisant entrer la sienne au défaut de la cuirasse, il la lui plongea dans le sein.

Un cri d'effroi s'éleva de la foule ; un cri plus faible, mais un cri du cœur, le cri d'une femme, lui répondit. Le sire de Fayet était tombé ; le sang s'échappait à grands flots de sa blessure. On s'empressa autour de lui, on délaça sa cuirasse ; mais l'épée avait pénétré trop avant, tous les soins étaient inutiles.

Un profond soupir s'échappa de sa poitrine ; son œil mourant chercha le regard de son amie, et puis il se ferma pour ne plus se rouvrir. Isabelle avait à peine vu tomber son amant, que, malgré tous les efforts tentés pour la retenir, elle s'était élancée auprès de lui. Elle recueillit son dernier soupir, son dernier regard ; mais bientôt ses larmes obscurcirent ses yeux, un nuage lui déroba la vue de tout ce qui se passait autour d'elle : elle s'évanouit.

Lorsque des soins empressés l'eurent rappelée au sentiment de la perte qu'elle venait de faire, elle ne répandit point au dehors, par un pompeux étalage de sensibilité, la souffrance qui venait de pénétrer son âme. Le coup qui avait frappé son fiancé lui avait fait au cœur une blessure profonde ; mais elle cacha le sang qui s'en échappait, comme si elle eût craint d'ajouter par ses larmes au triomphe de Hugues. Sa douleur fut calme et muette, comme sont les douleurs profondes, celles dont on meurt ; elle fut solennelle comme la mort ; car Isabelle avait senti que le lien qui l'attachait à la vie était à jamais brisé, et qu'une même tombe allait la réunir à l'ami de son enfance. Elle se rappelait alors les paroles jadis incomprises de cet étranger qui l'avait tant effrayée ; elle voyait couché sur son lit de mort son fiancé, qui n'avait pu passer à son doigt l'anneau nuptial, gage de leur union, et elle sentait, à je ne sais quel vague pressentiment, que le même coup qui les avait séparés devait aussi les réunir pour jamais.

Absorbée par cette pensée de la mort, qui se confondait en elle avec celle de son amour, elle semblait avoir perdu jusqu'au sentiment de son existence et de sa douleur; elle se laissa aller, comme un enfant, à tout ce qu'on exigeait d'elle : elle déposa la couronne sur la tête du vainqueur, sans avoir l'air de comprendre ce qu'elle faisait; puis, toujours calme et silencieuse, elle se laissa reconduire au château. Cependant Hugues de San-Venza ne voulut pas attendre même un jour pour réclamer le prix de sa victoire; il exigea que l'hymen fût célébré le jour même au château de Severac.

Cette demande n'émut pas Isabelle, et ne put la faire sortir de l'affaissement moral dans lequel elle était tombée. Le mouvement était encore en elle, mais on aurait pu croire que la vie s'était déjà retirée; elle n'avait plus la conscience de son état. Aucun trouble ne parut en elle lorsqu'on lui apprit que le prêtre était à l'autel; par un mouvement machinal, elle abandonna sa main à Hugues de San-Venza, et l'on vit la victime marcher au sacrifice sans que la moindre émotion parût sur son visage décoloré. Cependant, au moment de franchir le seuil de la chapelle, elle s'arrêta un instant ; le sentiment parut lui revenir ; elle trembla d'un mouvement légèrement convulsif, et se retourna à deux reprises, comme si elle attendait un protecteur inconnu. Puis elle entra, et s'agenouilla sur les marches de l'autel, à côté de son odieux fiancé ; mais aussitôt, cédant à un mouvement d'horreur, elle s'éloigna de lui instinctivement. Une vive inquiétude rappela des couleurs sur ses joues ; elle se retourna de nouveau, et on eût dit qu'elle était impatiente de voir son attente trompée. Le libérateur n'arrivait pas.

Hugues s'était rapproché d'elle, avait saisi sa main, et le prêtre ouvrait déjà la bouche pour prononcer les paroles sacramentelles, lorsque Isabelle se retourna pour la troisième fois, prêtant une oreille attentive ; un éclair de joie illumina son regard. Au même instant, un grand mouvement se fit dans le château ; la porte de la chapelle s'ouvrit d'elle-même, et un bruit de fer retentit sur les dalles sonores de la chapelle. On eût cru voir un chevalier armé de toutes pièces ; mais son pied résonnait creux, sous sa visière abaissée l'œil ne brillait pas, et à son mouvement égal et saccadé, il était aisé de voir que rien ne vivait sous son armure.

— C'est lui, murmura Isabelle.

— C'est lui, reprit Hugues tremblant comme le criminel qui voit se dresser l'échafaud vengeur.

L'armure s'avança entre eux ; un de ses gantelets laissa tomber sur le baron un papier rouge semblable à celui qui lui avait donné la victoire, l'autre se posa sur l'épaule d'Isabelle, et, comme on voit une rose se dessécher et se flétrir quand le vent chaud du midi souffle sur elle, la jeune fiancée s'inclina sous cette étreinte glacée, ses genoux fléchirent, sa tête heurta les dalles du temple ; elle s'était éteinte sans douleur, sans agonie. La mort avait été sa délivrance ; elle n'en avait pas connu les angoisses.

Le soir du même jour, les habitans de Fayet assurèrent avoir vu un cheval dont le pied rapide faisait jaillir des éclairs, s'arrêter dans la cour du château, et le chevalier tout armé qui le montait s'y être introduit devant eux. La fidèle suivante de la comtesse de Fayet accourut annoncer à sa maîtresse, qui, agitée de funestes pressentimens, priait et versait d'abondantes larmes devant son crucifix, qu'elle venait de voir à sa place ordinaire, dans la salle d'armes, l'armure du jeune comte. Bientôt après arriva le vieux Marcel, dont la raison perdue n'avait retenu que l'histoire de l'armure donnée au comte de Fayet par un Sarrasin ; la mémoire de toute autre chose lui était échappée, et pendant le reste de sa vie on ne lui entendit plus raconter que l'histoire de cette armure.

La noble châtelaine alla cacher sa douleur et ses larmes dans l'abbaye de Nonnenque.

Quant au sire de San-Venza, il porta tout le reste de ses jours un sceau de malédiction sur le front : il abandonna son château et ses terres;

il vécut errant et proscrit, se cachant dans les forêts, se nourrissant de fruits sauvages ; sa barbe et ses cheveux qui ne connurent plus le fer, ses ongles qu'il laissa croître, lui donnèrent l'aspect d'une bête fauve, et le peuple put croire alors qu'il avait subi une véritable transformation.

L'armure enchantée était encore il y a peu de temps au château de Fayet ; on peut la voir aujourd'hui au musée archéologique de Rodez (1).

---

(1) Nous devons cette légende à l'obligeante amitié de M. de B. Nous lui en adressons ici tous nos remerciemens, regrettant que sa modestie ne nous ait pas permis de le nommer.

VII

LE MARIAGE DU DIABLE.

Si vous avez voyagé dans les lieux aimés des touristes, si vous avez parcouru l'Italie éternellement visitée, la Suisse, où les haltes sont traditionnellement notées ainsi que l'admiration, il a dû vous arriver quelquefois de vous lasser des récits que l'on débite banalement à tous les voyageurs. Pour moi, j'avoue que l'enthousiasme ne saurait m'enlever sur ses ailes d'or, s'il m'attend à heure fixe, à telle course prévue et de rigueur. J'aime les sites peu visités, où je n'ai à craindre, ni l'insipide loquacité d'un cicérone mal appris, ni les points d'exclamation d'un compagnon de voyage, qui n'admire que sur réputation faite, et là où les autres ont admiré.

Si vous partagez avec moi cette indépendance, si vous voyagez pour voyager et non pour être revenu, suivez-moi sur les bords du Tarn, simple et modeste rivière qui coule dans les montagnes du midi de la France, je ne sache pas de route plus riche en beautés pittoresques, et surtout originales. Ce ne sont pas les cimes à perte de vue et les sommets éternellement glacés des Alpes ; ce sont d'immenses blocs de rochers affectant les formes les plus bizarres, et reflétant leurs riches couleurs dans une eau merveilleusement limpide. Cette nature a quelque chose de tendre et de mélancolique que n'a pas celle des Alpes et des Pyrénées.

Lorsqu'on remonte le Tarn, en partant de

Milhau, on marche quelque temps entre des pentes uniformes, coupées vers le milieu par une large ceinture de rochers; au-dessous de cette ligne l'industrie a conquis le sol par une laborieuse culture ; au-dessus, et jusqu'à une seconde ligne de rochers qui forme le sommet de la montagne, croissent quelques chênes rabougris, au pied desquels les troupeaux paissent une herbe rare et de médiocre qualité. Cette ceinture de rochers entoure un riant vallon, qui s'étend jusqu'au village de Boynes, sur une superficie d'environ trois lieues. A cet endroit la vallée tourne subitement, et le voyageur pénètre dans un bassin plus pittoresque encore que celui qu'il vient de quitter, c'est le vallon de Mostuejouls (1).

Pour en saisir l'ensemble, il faut s'avancer jusqu'au-delà d'une petite église abandonnée, dont le clocher roman, couronné de lierre, domine le rideau de peupliers qui borde les rives du Tarn. Cette église était autrefois la

(1) Prononcez *Mostuéje*.

paroisse du village de Mostuejouls. Son isolement lui fut fatal pendant les guerres de religion. Ceux qui se battaient pour leurs croyances ne respectèrent pas cet asile de la prière. Comme toujours, la passion passa avant la logique ; l'humble église devint plus souvent le théâtre de meurtres et d'incendies, que de cérémonies sacrées. Pendant ces guerres qui, malgré la différence des temps, pourraient peut-être se rallumer sous le prétexte de la politique, les seigneurs de Mostuejouls admettaient leurs vassaux dans la chapelle du château. Quand ces temps furent passés, il n'y avait plus de seigneurs, et la petite église de la vallée était devenue inutile. Aujourd'hui elle ne sert plus d'asile qu'aux serpens qui se glissent dans ses murs lézardés, et aux oiseaux du ciel qui viennent faire leur nid dans les arcades de son clocher.

Lorsqu'on a dépassé ces ruines, on a devant soi trois gorges de l'aspect le plus sauvage ; chacune vient apporter des eaux fraîches et limpides à la vallée. Deux de ces courans se réunissent au Tarn, qui sort lui-même d'une des gorges dont nous parlons. A gauche, de beaux bois de chênes couvrent une pente très raide ; à droite, le village de Mostuejouls s'élève en amphithéâtre ; il est dominé par son château, qui n'offre, de ce côté, qu'une façade moderne : plus loin, on distingue les ruines de Montuejouls-Liaucous. Sur le promontoire qui s'avance entre le Tarn et la Junte, le Rosier élève ses quatre pignons inégaux : enfin, sur l'autre bord de la Junte, on aperçoit la tour gothique de Peyreleau, couverte à moitié d'un vaste linceul de lierre. Cette tour semble placée là pour servir de pendant à la petite église dont nous avons parlé. Débris, l'une et l'autre, d'un temps qui n'est plus, elles peuvent servir à montrer la distance qui sépare l'élément religieux de l'élément purement humain. L'habitant de la vallée se découvre encore avec respect devant la croix à moitié détruite de l'église ; il passe indifférent et sans souvenir devant la tour gothique qui le faisait trembler autrefois.

Les rochers qui entourent cette vallée sont

un cadre merveilleux pour le paysage qu'elle déroule aux yeux. Ils affectent dans leur forme une bizarrerie si pittoresque, qu'on les dirait groupés par la main d'un artiste. Les uns s'élèvent en pics aigus ; les autres, coupés à la base, ont semé autour d'eux des débris que le temps a couvert de mousse. On dirait un nombre infini de clochetons gothiques, ou une forêt pétrifiée.

Le château de Mostuejouls domine ce féerique aspect. C'est une des plus anciennes constructions du pays ; s'il ne présente pas les lignes ordinaires d'un château gothique, c'est que, refait à plusieurs époques, il se compose de bâtimens de divers caractères ; la masse en est pourtant d'un bel effet. Comme témoignage de son antiquité, il reste encore dans l'intérieur quelques vieilles salles qui datent de son origine. Les murs d'une d'entre elles sont couverts de peintures presque entièrement effacées par le temps. Une seule peut laisser entrevoir ce qu'elle représente : c'est le diable, sa femme et sa fille. Curieux de savoir quelle légende pouvait se rattacher à une aussi singulière conception, nous avons interrogé les vieux souvenirs du pays. Voici ce qui nous a été répondu ; nous rapportons le récit tel qu'il nous a été fait, dans toute sa simplicité et sa brièveté.

. . . .

La terre était belle et les enfans des hommes se réjouissaient. C'était par une belle matinée de printemps, alors que la nature semble convier toutes les créatures au banquet de la vie. On aurait dit qu'il y avait fête dans le ciel; car le soleil regardait si amoureusement la terre, que ce devait être un reflet du sourire des anges. Les habitans de la vallée où coule le Tarn se promenaient en habits de fête, heureux de ce beau ciel qui leur souriait, de ces fleurs qui épanouissaient leurs pétales, de ce temps qui leur présageait une heureuse moisson.

Ce jour-là, Satan traversait tristement la vallée où coule le Tarn. Cette nature en fête illuminait son front de lueurs plus sombres qu'à l'ordinaire; cette joie qui s'épandait autour de lui enfonçait plus avant dans son cœur l'aiguillon de la rage. Les joies de la haine et du mal accompli lui paraissaient impuissantes et incomplètes. Oui, le mal ne lui suffisait plus, les larmes qu'il pouvait faire couler, le bonheur qu'il pouvait détruire, les âmes qu'il pouvait plonger avec lui dans les profondeurs de l'abîme enflammé, tout cela n'était rien auprès de cette immense torture à laquelle il était soumis, de cette lutte de l'orgueil et du regret qui le déchirait depuis tant de siècles. Alors il lui prit une de ces rages terribles qui, faute d'aliment, s'attaquent à lui-même, et c'est là son supplice le plus horrible; las de maudire le ciel, les hommes, il se maudit lui-même. Devenu ainsi à la fois bourreau et victime, il voulut savourer à longs traits son supplice, il voulut le nourrir de tout ce qui pouvait l'augmenter; il s'abattit sur un des pics aigus des Cévennes, et là, il se mit à chanter, le malheureux, ou plutôt, pour être plus exact, il se mit à rugir cette immense malédiction :

Maudit soit l'éternel pardon qui ne s'est lassé que pour moi !

Périsse à jamais cette race qui peut aimer et prier !

Cette race qui a été rachetée de son premier péché !

Périsse tout ce qu'elle regarde comme un bonheur dans le temps et aussi dans l'éternité !

Périssent, et la terre, et le ciel, et les eaux, et les oiseaux du ciel, et les fruits de la terre !

Que le péché et la damnation règnent à jamais sur tous ces êtres que je maudis !

Et moi-même, que mon orgueil et ma force luttent avec l'Éternel, puisque je ne saurais partager sur cette terre et mes souffrances et mes malédictions (1) !

Dieu entendit les plaintes de Satan ; il envoya un ange vers lui, qui lui dit :

Dieu t'accorde dix ans d'amour sur la terre ; il te permet de tenter toi-même une âme et de la lier à ton sort, si elle consent.

---

(1) Ce chant n'est pas inventé ; il est traduit d'une tradition orale du Rouergue.

Satan pensa à la femme; il ne désespéra pas.

Un peu moins d'un an s'était écoulé ; le pays retentissait des débordemens du comte de Maltravers. Étranger à la contrée, il s'était montré tout à coup avec un faste auquel toutes les magnificences semblaient possibles. Présenté au vieux comte de Mostuejouls, il n'avait pas tardé à obtenir la main de sa fille, la jeune Béatrix. Ce mariage, qui semblait réunir toutes les conditions de bonheur, avait été pourtant accompagné des plus sinistres présages. Les cierges de l'autel s'étaient éteints plusieurs fois pendant la cérémonie, et l'on s'était aperçu que le sire de Maltravers n'avait pas présenté l'eau bénite à sa jeune épouse en sortant de l'église. Depuis cette union, le château de Mostuejouls avait changé d'aspect. Le comte de Maltravers avait rompu avec ses voisins, et avait introduit chez lui des compagnons de plaisirs, que nul ne connaissait. C'étaient de rudes et ardens débauchés qui ne reculaient devant aucun crime, quand ce crime était sur le chemin d'un plaisir.

La jeune Béatrix avait épousé par amour le sire de Maltravers. Mais ce n'est pas ainsi qu'elle avait rêvé le bonheur. Elle avait souhaité, dans une sainte union, les joies calmes et douces de la famille. Cependant elle se taisait, le comte paraissait l'aimer, quoique son amour revêtît toujours des formes sauvages et effrayantes.

La naissance d'un enfant changea la conduite du sire de Maltravers. Il devint encore plus sombre, mais il cessa d'exercer ses déprédations dans le voisinage. Béatrix crut qu'une nouvelle aurore de bonheur allait se lever pour elle, et l'amour qu'elle portait à son époux s'accrut de tout celui qu'elle eut pour son enfant. Elle espéra que le baptême de sa fille resserrerait les liens qu'elle avait vus sur le point de se rompre; elle en parla en tremblant au comte. — Il lui répondit avec rage, que jamais sa fille ne serait baptisée. Alors la pauvre dame vainquit sa timidité et se jeta à ses genoux. Maltravers la regarda avec une singulière expression, puis il se disposa à sortir. Tout à coup une pensée subite parut avoir traversé son esprit ; il revint sur ses pas, releva Béatrix, s'assit à côté d'elle et lui parla ainsi :

— Béatrix, lorsque votre sort a été lié au mien, avez-vous pensé à tout ce que cette liaison pourrait avoir de fatal pour vous ?

— Sire, répondit-elle, j'ai pensé que ma vie et mon amour vous appartenaient à jamais ; je n'ai jamais perdu de vue cette pensée.

— Oui ; vous avez été pour moi une épouse soumise et dévouée. Hélas ! cela n'est pas assez. Ne m'interrompez pas. Il y a telle vie dont le mystère est affreux ; tout ce qui approche d'elle est soumis à un effrayant avenir. Il en est ainsi de la mienne : je ne puis vous révéler tout ce qu'elle a d'horrible pour vous ; mais je vous aime, Béatrix, et je voudrais que rien ne vous pût jamais séparer de moi. Il faut donc aujourd'hui que vous renonciez ici à ce que vous avez aimé et adoré dès votre enfance, à vos pieuses espérances de jeune fille, à ce que l'on vous a appris à regarder comme le devoir et le bonheur, la prière et la foi.

— Sire comte, s'écria Béatrix, ah! ne blasphémez pas.

— Je ne saurais blasphémer, reprit Maltravers avec amertume; mais, vous le voyez, vous me repoussez vous aussi. — Et il se disposait à sortir. Béatrix le retint d'un regard. Le comte se rapprocha d'elle, et, pendant une heure, il déploya toutes les séductions de l'esprit et du cœur pour faire prononcer à Béatrix un horrible serment. Hélas! Béatrix céda. Elle prononça les fatales paroles; elle se voua au sire de Maltravers corps et âme, elle et sa fille; elle jura de le suivre partout où il serait, en ce monde et en l'autre.

Depuis ce jour le château de Mostuejouls devint plus triste que jamais. Les valets et les pages n'aimaient pas cette sombre demeure où rien ne paraissait naturel et de bon aloi. Le sire de Maltravers restait enfermé des jours entiers avec Béatrix; et quand ils se montraient, on les retrouvait toujours plus pâles et plus tristes. Cependant, malgré les ordres du comte, la petite Berthe avait été baptisée. Magdeleine, sa nourrice, l'avait portée en secret au chapelain du village ; car, au château, il n'y en avait pas. A mesure que l'enfant grandit, on put remarquer en elle les grâces de sa mère et la sombre mélancolie de son père. Seulement, Berthe était pieuse ; et elle se cachait pour prier en secret. Cela dura dix ans. A cette époque, il se fit un changement dans le château. Le sire de Maltravers parla d'un long voyage, et il en fit tous les préparatifs ; il régla tous ses comptes et nomma un tuteur à la jeune Berthe. Seulement, comme rien ne se faisait à Mostuejouls comme ailleurs, ce tuteur ne fut point choisi parmi les hauts seigneurs de la contrée ; il arriva un jour à l'improviste, et fut établi au château.

La dixième année allait expirer ; Maltravers et Béatrix étaient seuls dans une des tours du château. Il faisait au dehors une tempête épouvantable, et ce temps semblait parfaitement d'accord avec les sombres pensées des deux époux. Tout-à-coup Maltravers se leva et s'approcha de Béatrix ; la jeune femme recula de frayeur.

— Béatrix, lui dit-il, vous souvenez-vous de mes paroles, il y a neuf ans ?

— Oh ! si je m'en souviens !...

— Votre amour a-t-il mesuré le gouffre où je vous entraînais ?

— Seigneur, j'ai cru que c'était un mauvais rêve ; oui, un rêve : la réalité en eût été trop horrible.

— Béatrix ! continua Maltravers sans répondre, Béatrix ! mon amour vous a perdue.

— Oh ! seigneur, grâce, s'écria-t-elle ; non je ne veux pas mourir, grâce !

— Béatrix, vous et ma fille m'appartenez à jamais.—Et en disant ces mots, il s'avança vers la jeune femme. Il avait alors dépouillé cette forme charmante dont il était revêtu depuis dix ans. Quand Béatrix leva les yeux, elle ne vit plus devant elle que l'ange du mal, hideux et maudit. Son amour de mère donna à Béatrix une énergie dont on l'aurait crue incapable, à la voir si pâle et si affaissée.

— Mon enfant ! s'écria-t-elle, ma fille maudite et perdue pour moi !... jamais.

— Il en est pourtant ainsi, répliqua Satan. Dix ans d'un pacte juré par vous nous ont liés pour l'éternité. Vous êtes à moi, à moi pour partager cette couronne de feu qui me brûle, pour maudire et souffrir avec moi dans les flammes. Ne vous souvient-il pas que vous m'avez promis tout cela?

— Oui, répondit Béatrix, je le sais, je suis à vous; mais non pas Berthe, ma fille chérie : quel pacte a pu lier cette pauvre enfant?

— C'est vous qui me l'avez livrée en la refusant aux eaux du baptême. Mais hâtons-nous : l'heure va sonner.

Et il s'avançait vers la pauvre femme qui sanglotait, pliée sur ses genoux.

Au même instant la porte s'ouvrit, et Magdeleine parut conduisant Berthe d'une main, de l'autre elle montrait un crucifix.

— Berthe est à Dieu, s'écria-t-elle, et Berthe vous sauvera.

En disant ces mots, elle jeta l'enfant dans les bras de la mère; et minuit sonna à l'horloge du château.

— Maudit! maudit! s'écria Satan; et il disparut par un pan de la muraille qui s'abattit devant lui.

Le jour levant surprit les deux femmes en prières. Berthe dormait à leurs côtés. Le sire de Maltravers avait disparu; on ne put jamais retrouver son corps.

Peu de temps après, la comtesse de Maltravers fonda un couvent dont elle devint abbesse. Sa fille Berthe ne voulut jamais entrer dans le monde; elle succéda à sa mère, et mourut en odeur de sainteté.

VIII

LE PAS DE SOUCI.

En remontant les rives pittoresques du Tarn, on arrive à un bassin d'un aspect si sauvage, qu'on le dirait bouleversé par une main surnaturelle et malfaisante. Figurez-vous une espèce de cirque fermé presque entièrement par des rochers inaccessibles ; aucune trace de culture, aucune végétation, n'adoucissent aux yeux leur âpre nudité; le lierre et le buisson ne croissent pas même dans leurs fissures. Seulement, quelques *lichens* verdâtres, des arbustes rares et rabougris, rampent au pied de ces masses désolées; et pourtant il y a quelque chose de riche et d'énergique dans ces pics aigus et dépouillés, dans ces roches tantôt à pans larges et lourds, tantôt découpées en dentelures délicates, comme par la fantaisie d'un artiste. Le soleil fait éclater les chaudes teintes dont elles sont colorées. Ici, des aiguilles d'un ton ardent et rougeâtre s'enlèvent en lumière sur le fond sombre et béant de cavités profondes; là, une immense pierre, coupée comme une muraille, offre les teintes grises d'une ruine; plus loin, et par de larges ouvertures, d'autres rochers, disposés en perspective, passent d'un bleu foncé au bleu le plus transparent. Tous ces jeux de l'ombre et de la lumière à travers ces formes bizarres animent cette nature si âpre, et peuvent fournir à la palette du peintre les plus piquantes oppositions.

L'enceinte que forment ces masses abruptes

est parfaitement en harmonie avec leur aspect sauvage ; tout y indique un effrayant cataclysme : les rochers y sont entassés dans le plus étrange désordre, et c'est à peine si le voyageur peut se frayer un passage à travers leurs débris. Jadis, deux immenses pyramides se dressaient dans ce lieu à une hauteur prodigieuse : l'une se nomme le *roc d'aiguille,* et son nom indique sa forme ; celui-là seul est resté debout. L'autre s'appelle le *roc de Lourdes ;* de celui-ci il ne reste plus que la base, il s'est écroulé dans la vallée. C'est à travers les débris de ce géant terrassé que le Tarn a dû se frayer un passage ; arrêté à chaque pas par mille obstacles, tantôt serré entre deux couches, il s'élance avec fracas de leur extrémité, tantôt faible et inaperçu, il s'est creusé sans bruit un étroit canal. Ce n'est plus une seule rivière, mais une multitude de sources, dont le murmure trouble seul le silence de la vallée.

Le bassin désolé que nous venons de décrire a reçu des habitans des montagnes voisines le nom de *Pas de souci.* L'imagination naïve et pittoresque du moyen âge n'a pas manqué de s'exercer sur un lieu qui prêtait si bien à la légende ; aussi, quelle que soit la cause que la science pourrait attribuer au cataclysme dont cette vallée a été le théâtre, voici celle que lui a assignée la pieuse crédulité des anciens temps.

A peu de distance du *Pas de souci*, il existe un village dont la situation pittoresque est parfaitement en harmonie avec le site qui l'environne ; seulement, le paysage est plus varié que dans le bassin de Souci, et abonde en oppositions charmantes. Ici, la même nature sauvage et grandiose ; là, sur les bords de la Junte, une verdure émaillée de fleurs, des eaux limpides et murmurantes ; puis, derrière, un rideau de peupliers. Au-dessus de rochers moussus, s'élève le village de Sainte-Énimie et le clocher pointu de sa petite église. La civilisation n'y a point encore passé ; plaise à Dieu qu'elle en oublie les rustiques habitans !

C'est dans ce village que vivait, au huitième siècle, un saint homme, nommé Guillaume.

Un jour, on l'avait vu arriver, seul et grave, un bâton blanc à la main, vêtu d'un simple habit de bure. D'où venait-il? On l'ignorait. Avait-il un autre nom? Personne ne put jamais le savoir. Mais, certainement, il avait été habitué à porter d'autres habits que ceux qui le couvraient; dans son air noble et fier, et qu'il cherchait à rendre humble et modeste, on lisait l'habitude du commandement. Il choisit sa demeure dans l'excavation profonde d'un rocher, et sa vie fut bientôt admirée comme le modèle d'une grande perfection. Le village de Sainte-Énimie ne tarda pas à ressentir d'heureux effets du voisinage du saint homme; il se connaissait merveilleusement en simples, et sa haute sagesse le faisait consulter dans les affaires les plus difficiles. Il fut bientôt vénéré comme l'ange du village, et chaque jour quelque nouveau bienfait, quelque prodige inouï, que l'on racontait à la veillée, venaient augmenter sa réputation.

Le village de Sainte-Énimie était alors le centre qu'avaient choisi les populations voisines pour les ventes et les marchés. Ces réunions ressemblaient assez à nos foires. Ces jours-là, le seul endroit guéable de la Junte qui conduisait à Sainte-Énimie se trouvait encombré, et alors des rixes sanglantes, des blasphèmes et des juremens éclataient à chaque instant. Un de ces jours que le bon Guillaume passait tout auprès de ce lieu aimé de Satan, il fut grandement surpris d'entendre comment le nom de Dieu était peu respecté. Deux paysans, montés chacun sur leur mule, s'interpellaient violemment, et des menaces ils allaient bientôt en venir aux coups. Le saint homme fut obligé d'intervenir, et comme il ne put apaiser leur colère, il se mit à genoux, priant Dieu de les éclairer.

— Mort Dieu! dit l'un des paysans, messire ermite, mieux vaudrait prier le ciel de nous bâtir ici un pont.

— Mon fils, dit le saint, Dieu est tout puissant; mais il ne faut pas le tenter.

Puis, à force d'instances, il apaisa la querelle. Mais depuis lors, il passait les jours de marché à pleurer et à jeûner, s'offrant en expiation pour tous les péchés qui se commettaient à ce fatal passage de la Junte.

Dieu tenait son serviteur en trop grande estime pour ne pas prendre en considération ses prières et ses vœux ardens. Un soir, Guillaume était en prières ; un ange lui apparut. Il portait une blanche tunique ; son front était ceint de la céleste auréole, son visage respirait la douceur et la bonté.

— Dieu a ouï ta prière, dit-il au saint ; il en a été touché. Mais, Guillaume, qu'est-ce que la foi qui n'agit point ? A l'œuvre donc ; Dieu t'aidera.

Il n'en fallut pas davantage pour enflammer le zèle du saint. Il se rend aussitôt à l'église, et après une homélie sublime d'une éloquente simplicité, il entraîne les habitans de Sainte-Énimie sur les bords de la Junte pour y construire un pont. Le secours de Dieu fut visible. En peu de jours, le pont s'éleva comme par enchantement. Les habitans bénissaient Guillaume, qui s'humiliait et renvoyait toutes les louanges à Dieu.

Mais ce succès merveilleux ne faisait pas le compte de mons Satan qui se voyait ainsi enlever désormais toutes les âmes qui se damnaient au passage de la Junte. Il eut l'audace de s'adresser à Dieu pour se plaindre de celui qu'il regardait comme son ennemi, Guillaume; il lui renouvela le même discours qu'il lui avait tenu autrefois au sujet du saint homme Job (1).

— Ce n'est pas gratuitement que Guillaume craint votre droite, lui dit-il; n'avez-vous pas béni l'œuvre de ses mains?

Le Seigneur lui répondit:

— Va, détruis le pont de Guillaume; je t'en abandonne jusqu'à la dernière pierre.

Satan ne perdit pas de temps, il se rendit sur les bords de la Junte, et d'un souffle il renversa le pont. La ruine en fut si complète qu'il était impossible que les matériaux qui avaient servi à l'édifier fussent employés une seconde fois. Guillaume ne fut pas découragé un instant; il

---

(1) On retrouve constamment le souvenir de l'Écriture mêlé aux traditions populaires.

adressa une fervente prière au ciel, et les ouvriers se remirent à l'œuvre. Mais, au moment où le pont allait être fini, le saint se douta bien que Satan allait renouveler ses infernales manœuvres : il passa donc la nuit en prières et en oraisons dans son ermitage. Vains efforts ! le matin le pont était renversé. Cette fois la terreur était à son comble dans la contrée, et Guillaume ne put réunir les ouvriers pour recommencer les constructions.

— A quoi bon, disaient-ils, fatiguer nos bras? Satan est plus fort que nous.

L'ermite usa d'un dernier moyen; il se rendit à l'église et prêcha une belle homélie sur les ruses de l'esprit malin, sur la confiance en Dieu et sur la nécessité de la persévérance ; les habitans se laissèrent toucher, et un troisième pont vint bientôt remplacer les deux premiers.

Cette fois le saint voulut défendre son œuvre. Dès qu'il fut nuit, il se rendit sur les bords de la Junte, se cacha derrière un rocher d'où il pouvait voir ce qui allait se passer, et attendit en redoublant d'oraisons.

Il était à peine minuit, lorsqu'il vit se dresser une grande figure à quelques pas du pont. Ce personnage, à mise suspecte, regarda de tous les côtés, poussa un sauvage éclat de rire et s'avança vers le pont. Il était impossible de ne pas reconnaître Satan à cet air insolent de réprouvé. D'ailleurs, malgré l'obscurité profonde, Guillaume aperçut le pied fourchu de l'esprit de ténèbres. Il n'hésita pas un instant et marcha droit à lui. Satan, étourdi des nombreux signes de croix dont il était assailli, ne vit de salut que dans la fuite ; mais cette victoire ne parut point assez décisive au saint : il voulut terrasser Satan et le forcer de renoncer à son infernal projet. Il se mit donc à le poursuivre sans se laisser intimider ni par les obstacles, ni par l'obscurité profonde de la nuit. Il était guidé dans sa course par une foi ardente et par un certain rayonnement qui s'échappait du front de l'ange maudit. Cette course dura long-temps. Peut-être l'espace d'une nuit humaine ne lui suffit-elle pas.

Quoi qu'il en soit ils arrivèrent, l'homme de

Dieu et Satan, dans les lieux où le Tarn s'étendait en un large et profond bassin au pied des rocs de *Lourdes* et d'*Aiguille*. Parvenu au bord de l'eau, Satan se retourne ; se voyant serré de près par son adversaire, il n'hésite pas et s'élance dans le Tarn, ni plus ni moins que si l'eau eût été son élément naturel. A peine y est-il plongé qu'elle s'élève en gros bouillons et sort de son lit. Mais déjà Satan a atteint l'autre bord ; déjà il a posé une main sur la base du roc de Lourdes. C'en est fait, il va échapper.

Guillaume ne perd pas courage, il se jette à genoux et implore le ciel....

Au même instant un craquement affreux se fait entendre. Le roc de Lourdes, ébranlé jusque dans ses fondemens, se balance un instant sur sa base, et, s'écroulant avec fracas, couvre de ses débris le lit du Tarn et la vallée tout entière. Satan était pris. Cependant le roc d'Aiguille, qui était resté debout, craignit un instant que son frère ne fût point assez fort pour contenir l'esprit infernal.

—Frère, s'écria-t-il, est-il besoin que je descende?

— Et non, répondit l'autre, je le tiens bien.

Cette victoire préserva non seulement le pont de Guillaume, mais encore le village de Sainte-Énimie des maléfices de Satan. Seulement, comme celui-ci se plaignit à Dieu, le bassin où coulait le Tarn lui fut laissé en propriété. On l'entend souvent la nuit pousser des gémissemens lamentables sous les rochers qui le tenaient captif.

Guillaume mourut long-temps après en odeur de sainteté, laissant la contrée parfaitement rassurée. S'il lui était donné de reparaître dans ce monde, peut-être trouverait-il que *Lourdes* a lâché sa proie.

IX

LA REINE AUX PIEDS D'OISON.

A MADAME S*** DE C.

Madame,

Lorsque j'ai entrepris de recueillir quelques souvenirs épars de nos vieilles provinces, je ne me suis pas dissimulé à quel petit nombre de lecteurs je m'adressais. Malgré la réaction salutaire opérée contre les habitudes mythologiques du siècle passé, l'art chrétien n'est pas encore compris et étudié dans chacune de ses parties avec cet amour et cette bonne foi qui font les grands artistes et les chefs-d'œuvre. Deux choses ont retardé son avenir : la mode, et les hommes de métier, ce troupeau servile dont parle Horace.

La mode passe ; elle ne sait obéir qu'aux caprices du moment, et elle compromet par sa légèreté les choses graves et saintes qui ont besoin du temps pour les sanctionner.

Quant aux faiseurs, leur envahissement n'a pas été moins fatal à l'art devenu chrétien. Les hommes qui lisent (hélas ! y en a-t-il encore ?) se sont bientôt lassés de ces pastiches sans couleur et sans esprit qu'on leur donnait pour la poésie des vieux temps. Ils ont confondu l'œuvre avec la pensée dont elle s'inspirait ; et parce que cette œuvre ne révélait pas un poète, ils ont nié qu'il y eût une poésie.

C'est là un grand sujet de tristesse et aussi de terreur pour ceux qui ont voué à cette poésie un culte sans charlatanisme et sans intérêt : car, s'il est des admirations qu'on redoute de voir tomber dans le domaine banal de la vogue, il est des études qu'il devient désagréable de poursuivre après certaines gens; mieux valait peut-être le dédain brutal des poètes mythologiques, la complète ignorance des lauréats du siècle passé.

Toutefois, Madame, il ne faut rien exagérer. Les hommes éminens, les poètes, les philosophes, les historiens catholiques placés à la tête du siècle, ont obtenu un grand résultat. Grâce à eux, on sait aujourd'hui qu'il y a dans le passé autre chose que les excès du fanatisme et l'ignorance des préjugés; qu'on trouve sur notre sol, dans nos annales, dans la foi de nos pères, des sources inépuisables d'une poésie touchante et colorée, éclose presque toujours à l'ombre des autels, cachant sous son allure naïve un sens profond et de graves enseignemens.

C'est cette poésie, ce sont ces simples et merveilleux récits du moyen âge dont j'ai tâché de m'inspirer dans ce volume. Peut-être, moi aussi, suis-je tombé dans les défauts que je reproche aux autres; peut-être ces récits ont-ils perdu de leur grâce en perdant leur naïveté populaire. J'ai du moins essayé de les transformer avec conscience et bonne foi. En serai-je lu davantage?... Hélas! le nombre de ceux qui aiment autre chose que les misérables luttes de l'ambition est bien restreint. Le siècle ne se passionne guère que pour les intérêts matériels. Tout ce qui vit par la pensée est assez mal venu à demander sa part d'attention dans les loisirs du monde.

Aussi s'il n'y avait pas un plaisir plus grand que d'être lu, celui de se répéter à soi-même les récits entendus le soir auprès de quelque rustique foyer, de faire revivre sous sa plume les souvenirs de l'enfance ou les impressions de voyages, qui donc se déciderait à écrire ces aimables futilités de l'imagination qui vont s'engloutir sans écho dans le gouffre de la publicité? Et puis, on a toujours rencontré sur son chemin quelque âme sympathique que l'on espère intéresser, quelque auditeur bénévole qui vous prend tel que vous êtes, sans discuter à chaque ligne l'à-propos de vos rêveries et de vos contes. C'est là l'espoir qui m'a soutenu.

Votre bienveillance pour moi, Madame, vous a rendue souvent victime de ces tentatives de l'auteur impitoyable qui veut son lecteur. Il m'a semblé aussi quelquefois (voyez l'audacieuse présomption !) il m'a semblé que vous vous plaisiez à ces contes d'enfant, à ces récits de voyages que je vous déroulais dans ce petit salon aux rideaux bleus où vous m'avez admis à une intimité qui m'honore.

C'est pourquoi je vous ai adressé un chapitre du présent livre : je suis sûr ainsi qu'il aura un lecteur. Ayant d'ailleurs à raconter une populaire tradition d'une ville dont je vous ai si souvent entretenu, j'ai espéré que votre bienveillante attention ne me ferait pas défaut. Vous devinez que je veux parler de Toulouse, la ville aux poétiques souvenirs.

Toulouse est une ville espagnole et monacale sous le ciel brumeux d'une cité du nord. Son climat offre de grandes dissemblances avec celui du Languedoc et de la Provence : ici, c'est le ciel pur et le soleil ardent de l'Italie ;

là, c'est la brume qui se suspend aux saillies des vieux édifices. Certaines matinées d'hiver de Toulouse n'ont rien à envier à Paris pour la tristesse et l'obscurité des brouillards. Cependant le soleil finit par percer cette lourde atmosphère ; la lumière et la vie se répandent sur la cité gasconne, et lui donnent un caractère particulier qui tient à la physionomie de ses édifices. Bâtis en briques rouges, brunis çà et là par le temps, ils éclatent en tons sévères et ardens que je n'ai jamais retrouvés ailleurs.

Toulouse est assise dans une plaine qui serait monotone si elle n'était animée par le cours d'un beau fleuve et d'un large canal. Je trouve d'ailleurs que cette monotonie est très favorable au développement des lignes d'une grande cité. Au milieu de cette plaine, s'élève un nombre infini de clochers pyramidaux, d'aiguilles délicates, de pignons sculptés. C'est l'église des Jacobins qui montre avec orgueil les étages merveilleux de son clocher ; ce sont les tours crénelées de la Dalbade et du Taur ; les nefs admirables des Cordeliers ; enfin le clocher de Saint-Sernin qui se termine par une flèche d'une grande hardiesse. Ce féerique paysage est admirable à voir, ruisselant de lumière et d'éclat, se détachant sur l'azur transparent du ciel et sur l'azur plus sombre d'une eau rapide et mugissante. Voilà l'aspect général de Toulouse ; entrons dans la ville.

Comme toutes les vieilles cités, Toulouse a son quartier neuf en opposition avec ses rues antiques et tortueuses. Je n'ai point à vous parler du premier; des lignes droites, de grandes maisons percées d'une infinité de trous sous prétexte de fenêtres, deux places dont une ronde et l'autre carrée : cela pourrait s'appeler indifféremment Toulouse, Bordeaux ou tout autre lieu. Je ne veux pas oublier pourtant le Capitole, l'orgueil des Toulousains, lourd et maussade monument du XVIIIe siècle bien digne de son époque. Je préfère les vieux quartiers qui racontent quelque chose du passé; or, je ne connais pas, dans aucune autre ville de France, des rues aussi pittoresques que celles de Toulouse, des rues qui vous reportent aussi bien à d'autres temps et à d'autres mœurs.

En partant de l'église de Saint-Sernin, on a devant soi l'église qui porte le nom de *Notre-Dame-du-Taur*. Deux belles statues, l'une de saint François, l'autre de saint Dominique, décorent son portail. Hâtons-nous de traverser la place du Capitole ; nous trouvons la rue Saint-Rome et la rue des Changes qui en est la continuation. Il y a dans ces deux rues quelques maisons du XIVe siècle avec des pignons sculptés et des croisées chargées d'arabesques charmantes. Au coin de la rue des Changes, il y avait, il y a quelques années, une délicieuse statuette de la Vierge placée dans une niche et sous un dais chargé d'ornemens dans le goût du XVe siècle. On a depuis volé la tête de la vierge, ce dont aucune autorité ne s'est inquiétée, que je sache. Presque parallèlement à la rue des Changes, il en est une qui porte le nom de rue des Tourneurs. C'est, à mon avis, la mieux conservée des rues dans le caractère du moyen âge. Là, tout est en harmonie : pas une maison neuve avec sa plate façade qui vienne gâter l'ensemble. On y trouve l'hôtel Palamini, avec balcon de la renaissance qui me paraît digne de Bachelier. Il n'est pas jusqu'aux enseignes qui n'offrent des traces du vieux temps; j'y ai remarqué celle-ci d'un cordonnier : *Souliers de tout âge et de tout sexe*. On peut appliquer les mêmes observations aux rues qui entourent la rue des Couteliers et le pont.

Là commence un autre quartier : les rues sont plus larges ; il y a peu de mouvement et de bruit ; on y voit de grands hôtels silencieux et sombres avec de lourdes portes sculptées et de larges façades. Il semble à chaque instant que quelque grave figure du parlement va sortir de ces portes massives. Je ne finirai point sans vous parler d'une délicieuse petite maison à deux étages dans la rue Pharaon : elle date du XIVe siècle ; sa façade est en bois sculpté ; les fenêtres sont chargées de figurines et d'ornemens. Rien de gracieux et de poétique comme cette petite maison, qui dut sans doute sa construction à la fantaisie d'un troubadour qui s'était fixé à Toulouse.

D'après ce rapide coup d'œil si incomplet, vous voyez que Toulouse peut, ce me semble, se diviser en quatre parties : la ville neuve, triste et fidèle expression de notre civilisation qui tend à tout niveler ; la ville marchande des corporations du moyen âge, les Changes, les Tourneurs, les Couteliers ; la ville aristocratique, peuplée de grands hôtels où la fantaisie des artistes s'épand en croisées sculptées, cheminées merveilleuses, escaliers ouvrés à jour comme une fine dentelle ; enfin la ville des couvens et des églises, et celle-là est la plus curieuse à étudier.

Mais, hélas ! l'influence vandale des architectes modernes tend tous les jours à détruire ces restes du passé dont Toulouse est si riche. Ce n'est pas sans raison que M. de Montalembert l'a appelée la métropole et la patrie du vandalisme. Vous connaissez l'éloquente lettre (1) dans laquelle il a consacré quelques pages aux

---

(1) Du Vandalisme en France, *Revue des Deux-Mondes*, janvier 1834.

monumens gothiques de cette ville. On pourrait l'étendre en un volume : telle qu'elle est, elle donne une idée des dévastations que le génie moderne y a causées. Je n'ai point la prétention de la refaire ; et il ne saurait entrer dans les bornes de celle-ci de la compléter.

Je viens, Madame, à la légende que je vous ai promise : la Reine aux pieds d'oison.

Les récits populaires ne manquent pas à Toulouse. La poésie y coule à pleins bords ; on y reconnaît la patrie bien-aimée des troubadours et des jongleurs. Parmi ces récits, il en est un qui a été brodé de cent façons ; c'est la légende de la reine Pédauque, la reine aux pieds d'oison. La version la plus générale, c'est celle qui fait de Pédauque la fille d'un prince païen, que saint Saturnin convertit à la foi, et qui mourut victime de la colère de son père. On la nomme Pédauque, soit parce qu'elle aimait beaucoup les plaisirs du bain, soit parce qu'elle était d'une haute sagesse. Les pieds d'oie sont ici un symbole. Quoi qu'il en soit, il existe des restes de bains que l'on nomme les

Bains de la Régine. Un aqueduc, dont on ne voit plus que des ruines, porte aussi le nom de Pont de la Régine Pédauque. Ce souvenir ne date pas d'hier. Rabelais dit, en parlant de personnes aux larges pieds, qu'elles étaient « pattées comme des oies, et, comme jadis à Toulouse, portait les pieds la reine Pédauque. » Eutrapel dit dans ses contes, publiés par La Herissaye, que de son temps on jurait à Toulouse par la quenouille de la reine Pédauque. Les savans se sont exercés avec acharnement sur cette reine, *peu connue dans l'histoire,* comme le roi d'Yvetot. Les ruines qui portent son nom, et dont l'origine est évidemment romaine, ont donné lieu à mille conjectures et à mille dissertations. On est venu gravement discuter sur l'existence de la reine Pédauque, et je vous assure que ces débats ne sont pas ce qu'il y a de moins curieux dans ce souvenir du peuple.

Le docteur Chabanel, curé de l'église de Notre-Dame de la Daurade à Toulouse, a pensé que la reine Pédauque n'était autre chose que

Ranahilde ou Ranachilde, épouse d'Euric, roi des Visigoths.

L'abbé Lebœuf a intitulé une dissertation sur ce sujet : *Conjectures sur la reine Pédauque, où l'on recherche quelle pourrait être cette reine, et à cette occasion ce qu'on doit penser de plusieurs figures anciennes prises jusqu'à présent pour des figures de princes ou de princesses de France.* Ce titre est par lui-même assez divertissant.

D. Mabillon a voulu voir dans Pédauque ni plus ni moins que *sainte Clotilde, épouse de Clovis I*^{er}. Il ajoute cependant, dans l'intérêt des charmes de la sainte, *on ne trouve rien dans les monumens historiques qui donne lieu de juger que Clotilde ait eu ce défaut corporel, mais ce devait être un emblème employé par les sculpteurs pour désigner la prudence de cette princesse, parce que les oies du Capitole furent regardés comme le symbole de la vigilance.*

Cette bienveillante supposition n'a pas paru suffisante à l'abbé Lebœuf; il s'est vu obligé de remarquer que sainte Clotilde était représentée sur le portail de l'abbaye Saint-Germain-des-Prés sans cette difformité ; il se range à l'opinion du curé Chabanel, et pense que Ranahilde et Pédauque c'est tout un ; car, dit-il, le mot *rana*, en latin, veut dire grenouille : or, grenouille et Pédauque sont identiques. Alors arrive un commentateur qui affirme gravement que grenouille et femme aux pieds d'oison n'ont jamais signifié la même chose.

Le même abbé Lebœuf trouve plus bas que notre reine pourrait bien être la reine de Saba ; il se fonde sur Nicolas Bertrand et Noguier, vieux chroniqueurs, qui appellent Pédauque Austris ; et sur ce passage de l'Évangile, « la reine du Midi (en latin Austris) est assise en jugement. » Il cite aussi le second paraphraste chaldéen, où il est dit que la reine de Saba aimait beaucoup le bain.

Un autre prétend que, par le nom de reine Pédauque, on a voulu désigner la reine Constance, femme du comte Raymond V.

Tous ces savans ont vu sur divers tombeaux, sur des portails de quelques églises, des statues aux larges pieds, dans lesquelles ils n'ont pas manqué de voir la reine aux pieds d'oison. Le commentateur qui réfute cette assertion termine par cette précieuse réflexion : *Les prétendues pattes d'oies, vues par Boissonade, Rivalz, Arcis et Comouls, et que M. de Montégut a pris* (1) *pour des arbres, sont des draperies* RELEVÉES AVEC ART. Ce trait vaut bien la reine de Saba.

Je m'arrête ; je crois, Madame, vous avoir donné un échantillon assez complet et assez divertissant des dissertations qui concernent la reine Pédauque. Cicéron prétend qu'il n'y a pas d'absurdité qui n'ait été soutenue par un philosophe. Qu'aurait-il dit de la science si elle eût existé de son temps?

J'aime encore mieux le poète qui conçut pour cette reine imaginaire une violente passion, dont l'histoire est assez curieuse.

C'était au commencement du dix-huitième

---

(1) Il faut *prises*, mais qu'est-ce que la grammaire pour un antiquaire?

siècle. L'époque est à noter. Le grand roi venait de mourir ; tout se préparait pour les orgies de la régence. Les grands seigneurs déposaient le masque de la dévotion qu'ils avaient trouvé si lourd ; les belles dames mettaient du rouge et agrandissaient leurs paniers. La société française se jetait dans cette voie de folies, de sarcasme et de scepticisme, qui devait aboutir au cataclysme révolutionnaire. C'était là un moment peu propice aux amours chevaleresques, aux contemplations platoniques d'un idéalisme passionné. Ce fut pourtant alors que naquit le romanesque amour dont je vous fais l'histoire.

Notre amoureux se nommait Nicolas de Boissonade. Je me le figure volontiers demi-savant, demi-poète, tendre et mystique, naïf et rêveur, peu propre aux investigations positives, le cœur et l'esprit tournés vers les saintes choses du passé. Il était né dans un hameau languedocien, et son enfance avait été bercée par les chants des troubadours. Bientôt il part pour Toulouse. Toulouse, la cité d'Isaure ; Toulouse, la sainte, la poétique, la savante. Il est saisi d'enthousiasme et de respect à la vue de la ville où tout parle à son cœur et à son imagination. Mais, hélas! les traditions du passé ne servent qu'à lui faire éprouver de rudes déceptions. Il veut chanter, le pauvre enfant! A la place des gais trouvères, il ne rencontre que de graves figures du parlement, tristes et sévères, qui se dérident à peine aux séances académiques. Il va frapper à la porte des vieux manoirs, on ne saurait l'entendre; il cherche des chevaliers, il ne trouve que de jeunes seigneurs qui parlent de la cour, des orgies du Palais-Royal, de la magnificence de monseigneur le régent. Il ne comprend rien, ni à la triste austérité des uns, ni à la bruyante folie des autres.

Que deviendra notre poète? Le présent le repousse; il ne vivra que du passé. Il va donc chercher la véritable poésie, là où elle était, dans les rangs du peuple qui n'avait pas abjuré ses croyances, qui aimait, chantait et priait encore comme aux anciens jours. Peut-être, par une belle soirée de printemps, sur les rives verdoyantes du fleuve, peut-être entendit-il murmurer pour la première fois le nom poétique d'Austris! Peut-être le trouva-t-il dans quelque vieux livre, dans la légende de Bertrand, que je vous citerai tout à l'heure. Ce ne fut d'abord qu'une fantaisie d'artiste ; ces chants, qui s'adressaient à Austris, rêvaient sans doute une réalité plus positive. Puis la passion grandit; celle qui n'en était que le prétexte en devient le but. Austris n'est plus un ange ; c'est une femme, une reine; une femme qu'on aime, une reine persécutée, tout ce qui peut justifier le culte et la passion d'un poète.

Cependant, un véritable amour ne saurait rester inactif. Boissonade est heureux ; il sait qui chanter dans ses vers, qui implorer dans ses rêves ; mais l'objet de son culte est une abstraction pour la foule. Il faut qu'il place sa reine sur un piédestal d'où on l'aperçoive, il faut qu'il la fasse revivre pour tous, afin qu'elle soit vénérée de tous. Ici commence une nouvelle phase de cette touchante passion. Le savant a remplacé le poète.

Boissonade avait lu dans Chabanel que le tombeau de sa chère princesse était placé dans le cimetière de la Daurade. Constater cette circonstance, c'était constater l'existence d'Austris. Boisonade présenta donc une requête aux capitouls à l'effet d'obtenir qu'un peintre et un sculpteur, *habiles antiquaires*, fussent chargés, en présence de ces magistrats, de faire un dessin du tombeau, qui, joint à une description et accompagné d'un procès-verbal, serait déposé dans les archives de la ville. Les capitouls acceptent; mais ils décident que la vérification sera faite *aux dépens de Boissonade*. Dignes et honnêtes capitouls qui veulent bien faire quelque chose pour la poésie, mais qui ne veulent pas que les deniers de leur ville en souffrent. Qu'importe au poète! Un poète a-t-il jamais compté en présence de sa fantaisie? On choisit donc deux hommes habiles, Rivalz et Arcis; ils examinèrent gravement le tombeau, et ils virent, dans le compartiment du milieu, une femme, dans le sein de laquelle un sacrificateur plongeait une épée, puis ils jurèrent que cela était vrai, *chacun leurs mains levées à la passion figurée de Notre-Seigneur.* Nul doute, cette femme, c'était Austris mourant pour sa foi, sacrifiée par un père barbare. De plus, ils reconnurent à cette femme des pattes d'oie ; c'était la reine aux pieds d'oison.

Figurez-vous, Madame, la joie de notre poète ! L'existence de celle qu'il aime est légalement constatée ; voilà un témoignage de ses vertus et de son sacrifice. Pygmalion a animé sa statue. Ici se perdent les traces de Boissonade ; mais qu'avait-il à désirer de plus ? J'aime cette obscurité qui environne sa vie dès l'instant où il n'a plus rien à demander au monde. Retourna-t-il dans son modeste hameau ? Rencontra-t-il la réalité de son rêve ? Austris se fit-elle femme ? Nul ne le sait. Cependant les bruits du monde devenaient menaçans ; le peuple commençait à s'agiter comme les flots d'un mer orageuse. Le mouvement du siècle emporta le souvenir de notre poète. Hélas ! il a étouffé d'autres renommées plus éclatantes ; il a fait tomber la sublime tête du poète que vous aimez, et qui se frappait le front en regrettant l'avenir qui lui échappait. Boissonade fut plus heureux ; il dut mourir dans une douce obscurité, avant que le bruit des trônes qui s'écroulaient vînt le troubler dans son bonheur.

Voilà, Madame, je crois, le plus touchant épisode de l'histoire de la reine aux pieds d'oison. Je ne finirai pas sans vous citer la légende qui inspira peut-être au poète Boissonade l'amour qu'il conçut pour Austris. Je l'ai trouvée dans un vieux chroniqueur, nommé Nicolas Bertrand ; elle est écrite en latin ; je vous en donne une traduction, qui date du seizième siècle, et qui reproduit fort bien la naïveté de l'original.

« Marcellus, filz premier de Thabor, fut roy cinquiesme de Tolose, lequel eust une belle-fille autant doulce et aimable, que le père estoit austère et cruel, laquelle estoit appelée Austris ; et pour ce qu'elle estoit unique, elle estoit merveilleusement aymée des Tolosains ; mais Dieu voyant qu'elle n'estoit pas chrétienne, et que c'estoit domaige qu'une si bonne créature fust perdue par faute de foy, il lui envoya la lèpre, de laquelle fut bientôt attaincte et maculée, mais auecques ses beaux paremens, tout de pourpre, drap d'or et autres, tenoit la maladie secrette ; et ce pendant ladicte vierge ouyct parler des vertus et miracles des sainctz Saturnin, Martial et Anthonin de Pamyés, lesquels preschaient des vertus divines à Tolose. Et feist venir ladicte vierge, saint Martial auecques autres sainctz hommes, demanda santé au nom de la Passion de Notre-Seigneur Jésus-Christ, et promit recevoir baptesme, si elle peult recouurer santé ; pour laquelle chose prioit Dieu, mais secrettement pour euiter la fureur de son père Marcellus ; et ladicte vierge desirant estre en lieu solitaire, pour plus cordialement vacquer à l'oraison, disoit que c'estoit chose deshonneste que les femmes eussent conversation auecque les hommes ; et pour ce feist tant par ses prières à son père, qu'il lui fict faire à Sainct-Sabran un beau logis, en la rue qu'on appelle *Peyrelada*, et feist faire sur Garonne un pont et belles colonnes de pierres, et faisoit entrer l'eau par lieux subterranes dedans la maison d'Austris, et si en avoit grande affluence que là furent faictz des baingz, lesquels on appeloit les bains de la *Régine*. D'aucuns disent que c'estoit la *Régine Pédauque*. Ladicte Austris fut long-tems en ce beau logis, jaçoit que Marcellus l'eust faict faire pour plaisir et volupté, ce nonobstant ladicte vierge y adoroit son Créateur. Ledict lieu est maintenant appelé la Maison de Sainct Jehan, autrement *la Cavalaria*, et en ce dit lieu trespassa la bonne vierge, et quand son père Marcellus en eut ouy les nouvelles, il alla au logis, et entr'autres choses trouva un ymaige du Crucifix, et quand il l'apperçeut, il fut quasi demy enragé et forcené, et commença à crier et lamenter pour sa fille qui auoit laissé la foy de ses dieux ; ce nonobstant la feist ensepulturer au temple de Jupiter, pour lors, lequel maintenant on appelle l'église de la Daurade. »

J'avoue, Madame, que je préfère cette simple légende à toutes les dissertations possibles. Il m'aurait été facile de la broder ; il me semble que, telle qu'elle est, elle exhale un parfum de poésie, une grâce charmante et naïve que l'on ne pourrait que gâter. Ne trouvez-vous pas, avec moi, que cette jeune fille, placée comme un ange en opposition à la cruauté de ce roi barbare, nous révèle tout entier le génie du moyen âge, gracieux et terrible, corrigeant la force brutale par les prières de la jeunesse et de la beauté. Et puis je trouve un sens profond dans cette lèpre que Dieu envoie à Austris pour lui faire comprendre qu'elle doit guérir son âme d'une lèpre bien plus terrible que celle du corps, la lèpre du paganisme et de l'idolâtrie. Voyez aussi comme le génie du conteur a poétisé cette idée d'une femme qui aime les bains. Comme la guérison du corps suit de près celle de l'âme, le corps doit rester pur comme l'âme qui a été sanctifiée. Aussi Austris aime la solitude, la pureté extérieure et intérieure. Il n'y a pas jusqu'au nom de reine Pédauque, vilain nom s'il en fut jamais, qui se trouve remplacé par le nom poétique d'Austris, qui signifie éclat, lumière, chaleur, tout ce qui fait la vie.

Mais j'aperçois, Madame, un sourire effleurer vos lèvres; vous trouvez que je deviens commentateur et conjectural; que le défaut des interprétations poétiques n'est pas bien loin des commentaires scientifiques; que le mythe et l'apologue sont singulièrement élastiques, pour peu qu'on y mette de bonne volonté. Je m'arrête donc. Permettez-moi seulement d'établir une différence entre la science et l'érudition. La science est un lourd chariot attelé de bœufs aux pas pesans; l'imagination est un char brillant emporté sur les ailes rapides de génies : l'un et l'autre peuvent égarer ; mais, à tout prendre, j'aime encore mieux me perdre dans un féérique palais des Mille et une Nuits, que dans les ruines sans formes et sans nom d'une ville désolée et sans physionomie.

Puissiez-vous trouver, Madame, que je n'ai pas eu l'ambition d'un poète qui rêve et la lourdeur d'un savant qui disserte, et que je n'ai réussi qu'à gâter une riante fiction en la surchargeant du lourd bagage dont je parlais tout à l'heure. Je ne saurais donc mieux finir que par la modeste formule placée à la fin de toutes les vieilles comédies : *Ci finit la reine Pédauque; excusez les fautes de l'auteur.*

X

LA QUENOUILLE DE FER.

Jeanne Lambert était une jeune fille, née au hameau de Saissac; elle était aimée, parce qu'elle était sage; admirée, parce qu'elle était belle. Cette beauté devait la perdre. Souvent elle avait passé de longues heures à regarder dans l'eau d'un ruisseau sa figure blanche et noble comme celle d'une châtelaine; souvent elle avait admiré la petitesse et la forme exquise de ses pieds et de ses mains, la finesse et l'élégance de sa taille. Alors elle soupirait de n'être vêtue que de simple camelot de laine, tandis que l'or et les pierreries ruisselaient sur les robes de brocard de la vieille dame de Saissac, lorsque, suivie de ses pages et de ses varlets, elle venait à l'église s'agenouiller sur un somptueux coussin de velours. Pauvre Jeanne! elle ignorait que lorsque le cœur de la femme s'ouvre à la vanité, son ennemi le serpent veille et rôde autour d'elle....

Un jour, elle avait vu dans l'église du village le châtelain de Saissac, entouré de pages et de varlets. Elle n'avait pas prié; de coupables désirs étaient entrés dans son cœur.

« Ah! disait-elle, que me sert d'être belle pour garder des moutons? Ne serais-je pas plus heureuse d'être faite comme les autres paysannes? Oh! je voudrais devenir laide, ou bien riche et noble....»

Comme elle parlait encore, un moine d'une

haute stature se trouva debout devant elle dans sa petite chambre.

« Je viens exaucer ton désir : je puis te rendre laide ou riche à ton choix. »

Jeanne ne répondit pas ; la peur l'avait comme pétrifiée.

« Prends cet anneau, ajouta le moine ; tu n'as qu'à prononcer les paroles gravées autour, et ce que tu auras souhaité sera accompli. »

En disant ces mots, il disparut. Cependant l'anneau était resté au doigt de Jeanne ; elle hésita long-temps à le garder. D'abord, elle voulut le jeter loin d'elle ; mais elle était curieuse. Au don de cet anneau, le moine mystérieux n'avait attaché aucune condition ; d'ailleurs, en le gardant, elle était forcée de s'en servir. Elle le garda.

Depuis huit jours que le fatal anneau est en son pouvoir, Jeanne n'est déjà plus la même. Autrefois, ses compagnes l'aimaient, car elle était bonne, et savait se faire pardonner sa beauté ; maintenant, toutes l'accusent d'être devenue fière et hautaine, et toutes la fuient ;

et pourtant elle ne s'est pas encore servie de son talisman. Mais elle est devenue rêveuse et distraite : quand on lui parle, elle n'entend pas et ne répond pas ; les plaisirs qu'elle aimait, elle les dédaigne aujourd'hui ; car elle sait qu'elle n'a qu'à vouloir pour jouir de tous les plaisirs de la terre ; elle ne voit pas même que ses compagnes la fuient. Son anneau occupe toutes ses pensées ; elle brûle d'essayer sa puissance ; mais une voix secrète la retient encore, et lui dit qu'elle fera mal. Elle lutte contre ses désirs ; mais chaque jour elle est fascinée davantage par le mystérieux pouvoir de l'anneau.

Un soir, retirée dans sa petite chambre, assise sur un escabeau, elle considérait ce funeste présent et songeait. Tout-à-coup ses cheveux se déroulèrent comme dénoués par une main invisible ; ils inondèrent son cou de leurs flots de soie.

« Comme mes cheveux sont beaux ! s'écria-t-elle involontairement. »

Puis elle dit tout bas :

« Si je voulais, je pourrais me couronner

d'un chaperon de velours surmonté d'une couronne de comtesse. Oh! que je serais belle, et que je voudrais me voir ainsi! »

Et machinalement elle lut les toutes-puissantes paroles de l'anneau.

Aussitôt la chambre fut éclairée d'une vive lumière, et Jeanne se trouva assise devant un miroir curieusement ciselé. Ses beaux cheveux s'échappaient d'un chaperon de velours; une robe, brodée de perles et bordée de menu-vair, dessinait les gracieux contours de sa taille.

Et une voix lui disait :

« Jeanne, tu es aussi belle qu'une reine, et tu es plus pauvre qu'une paysanne. Il est beau d'être servie sous un dais par des pages blasonnés; il est beau d'être, dans un tournoi, saluée reine de beauté. Vois comme ces parures vont bien à ta figure, comme ces riches atours semblent faits pour toi; demande, et tout cela t'appartiendra. »

Puis il lui sembla qu'un lourd sommeil s'appesantissait sur ses yeux. La voix devint de plus en plus faible; enfin elle cessa tout-à-fait. Le lendemain, la jeune fille se réveilla toute brisée; il ne lui restait qu'un souvenir confus de toutes ces magnificences et un désir cuisant de les acquérir.

Quinze jours après, dans la chapelle du château de Saissac, un vieux chapelain bénissait le mariage du jeune comte de Saissac et de la belle Jeanne. La voilà donc comtesse; la voilà riche et parée, cachant sous un antique blason et sa naissance obscure et les humbles travaux de son enfance. Mais le bonheur ne l'a pas suivie en cette haute fortune.

Gauthier de Saissac aime Jeanne avec passion; mais qu'importe à Jeanne d'être aimée: l'ambition n'a pas laissé dans son cœur de place pour l'amour. Ce qu'elle veut maintenant, ce n'est plus un bel habit pour rehausser sa figure; c'est la puissance d'une châtelaine, l'obéissance de nombreux vassaux, l'admiration de hauts et puissans seigneurs. Elle est bien comtesse de Saissac, mais ce n'est qu'un titre; au vieux sire de Saissac appartient le commandement. Cette pensée devint son idée fixe, et elle n'était pas femme à s'arrêter devant un désir qu'il dépendait d'elle de satisfaire. Quel moyen employat-elle pour anéantir une puissance qui lui faisait ombrage ? Usa-t-elle du pouvoir de l'anneau ? Nul ne le sait ; on dit seulement que pendant une nuit d'orage, des cris lamentables partirent de la chambre du vieux seigneur de Saissac. On accourut ; il râlait l'agonie. Jeanne lui fit faire de somptueuses funérailles.

Six mois s'étaient écoulés. Dans la grande cour du château, quatre cents hommes d'armes étaient réunis. A la mine hardie des soldats, à leur joie mal comprimée par la discipline, il était aisé de voir qu'ils allaient tenter quelque aventureuse expédition ; enfin leur chef parut : il était couvert d'une riche armure damasquinée en or, et tenait à la main une masse d'armes ; son casque était ombragé de plumes aux couleurs de Saissac ; la visière en était levée ; il laissait voir le visage de Jeanne. A la douce physionomie de la jeune bergère avait succédé un air sévère et hautain ; elle s'élança légèrement sur son palefroi, se tourna du côté du château, fit de la main un signe d'adieu à Gauthier de Saissac, qui parut pâle et souffrant à un balcon, et partit au galop.

Ce n'était là que le prélude de ses courses guerrières. Gauthier ne tarda pas à s'éteindre dans une maladie de langueur. Jeanne devint souveraine maîtresse de la châtellenie. Pour en arriver là, elle avait prononcé plus d'une fois les paroles magiques de l'anneau; mais le succès n'avait pas assouvi sa dévorante ambition. Assise seule et toute-puissante sur son fauteuil seigneurial, la fière comtesse jeta d'avides regards autour d'elle, des regards d'aigle qui cherche sa proie. La première victime qu'elle choisit fut le sire de Montolieu, son voisin; elle entama une discussion de limites, et envoya sommer le baron de Montolieu de venir lui rendre hommage comme à sa suzeraine.

« Dites à la comtesse de Saissac, répondit le baron, qu'en la terre de France la quenouille ne doit jamais se heurter contre l'épée.

— C'est bien, dit l'orgueilleuse châtelaine en entendant cette réponse; la quenouille de

Jeanne de Saissac est plus lourde que l'épée du sire de Montolieu. »

Et, en effet, elle arma ses vassaux, et au lieu d'une masse d'armes elle prit pour elle-même une quenouille de fer. Le pouvoir de l'anneau ne laisse aucun doute sur l'issue du combat. Le chevalier fut vaincu ; terrassé par l'arme redoutable de Jeanne, il put encore entendre les paroles railleuses qu'elle lui adressa en lui assénant un dernier coup de sa terrible quenouille.

Cependant, au milieu des agitations de cette vie de sang et de combats, le cœur de Jeanne s'était endurci ; elle devint injuste, farouche, cruelle, impitoyable. Ses conquêtes la rendirent puissante, sa bravoure célèbre ; mais le bonheur s'obstina à la fuir. Elle était haïe comme sont haïs les tyrans ; ses gens d'armes seuls l'aimèrent pour sa rudesse et son courage, qui la rapprochaient d'eux.

Un soir, comme à son ordinaire, elle était assise sous la vaste et gothique cheminée de la grande salle du manoir ; la nuit était noire, et la lampe appendue à la voûte jetait autour d'elle une incertaine lueur. La châtelaine était triste et grave, mais son cœur était inaccessible à la crainte. Tout-à-coup le vent redouble de fureur, les armures rendent un son lugubre, la tempête semble vouloir anéantir les vieilles murailles du château. A la lueur d'un éclair, Jeanne aperçoit une ombre immense se dresser devant elle; elle reconnaît le moine.

— Qui es-tu? s'écrie Jeanne en saisissant sa fidèle quenouille.

— Laisse cette arme inutile contre moi, lui dit le terrible spectre.

Et aussitôt la masse d'armes tombe brisée à ses pieds.

— Tu ne me reconnais pas, ajouta-t-il. Je viens chercher l'anneau que je t'ai donné il y a vingt ans; il t'a assez servi, j'espère.

Jeanne, épouvantée, voulut arracher l'anneau de son doigt; elle ne put y réussir.

— Oh! pas ainsi, dit le moine; cet anneau est le premier de la chaîne qui te lie à moi.

Jeanne voulut essayer de lutter.

— Quel pacte me lie à toi? s'écria-t-elle ; t'ai-je rien promis en retour de l'anneau ?

— Non, certes, dit le moine ; je ne t'aurais pas proposé un marché que tu aurais repoussé; humble et simple bergère que tu étais alors, je savais quel usage tu ferais de la puissance, et je te l'ai donnée. Tu n'es point à moi pour l'anneau; tu es à moi parce que tu es parricide, parce que tu as sucé le sang de tes vassaux, parce que tu as versé celui de tes voisins. Tu m'appartiens par tes crimes ; je viens te réclamer.

En disant ces mots, il posa sa main brûlante sur l'épaule de Jeanne, puis il la saisit dans ses bras, et prenant son élan, il repoussa du pied le manoir, qui s'écroula sous ce puissant effort.

On dit dans le pays que le château n'a pu être reconstruit, et lorsque, par une sombre nuit de novembre, on entend le vent gémir en s'engouffrant dans les ruines du manoir, les vieillards disent à leurs petits-enfans effrayés :

Prenez garde! c'est la châtelaine qui file sa quenouille !

XI

LE PORTRAIT DU DIABLE.

Ce n'est pas seulement dans les contes d'enfant et les traditions populaires que le diable joue un grand rôle ; vous vous êtes bien souvent aperçu, cher lecteur, de l'influence qu'il exerce sur les événemens de la vie réelle. Cela est triste à dire, mais il faut le dire parce que cela est vrai : le génie du mal occupe une large part dans la destinée des hommes et des empires. Sans être de ces rêveurs misanthropes qui ne voient que le mauvais côté des choses, il est impossible de n'être pas frappé de ce dualisme qui a partagé le monde en deux parts, hélas! si inégales, le bien et le mal.

L'esprit poétique des peuples enfans prêta mille formes à cet ascendant fatal qui pèse sur les destinées humaines. Mais n'y a-t-il rien de vrai dans ces opinions qui ont revêtu d'une forme visible un agent qui produisait des effets visibles? La foi catholique ne répugne pas à l'incarnation des esprits infernaux. Le Christ et ses disciples ont chassé les démons, non pas comme de purs esprits, mais comme des êtres réels, pouvant se transformer à leur gré. Ceux qui ne voient dans le catholicisme qu'une philosophie, sont forcés d'y reconnaître la plus avancée des philosophies, celle que rien n'a pu remplacer, ni dépasser. Or ce que les intelligences les plus éminentes depuis l'avénement du Christ ont admis, ne pourrions-nous l'admettre, nous humbles et petits qui n'avons su que détruire? Et puis, les hommes les plus sceptiques, ceux qui repoussent même l'idée de Dieu, ceux-là ont senti souvent le frémissement de la peur resserrer leur poitrine dans mille circonstances où ils pouvaient croire à une puissance invisible. Ce sentiment est si naturel à l'homme croyant ou non, que personne ici-bas ne peut se vanter d'en avoir été toujours et partout exempt.

Si donc les apparitions terribles des esprits de ténèbres sont, de nos jours, sans exemple bien authentique, ce n'est pas à dire pour cela qu'elles soient impossibles; et peut-être suffirait-il encore, comme autrefois, d'un esprit résolu, d'une volonté à toute épreuve pour être témoin d'un de ces phénomènes dont le scepticisme moderne s'est moqué si agréablement.

J'en étais là de ces réflexions que je faisais à part moi à propos de ce livre où le nom de l'esprit du mal revient si souvent. La nuit était sombre et silencieuse au dehors; l'immense cité laissait reposer ses passions et ses intérêts, autant que peuvent dormir les passions et les intérêts; ma lampe se mourait; mon feu ne jetait plus que ces fugitives lueurs qui prêtent à tous les objets cette forme vague et insaisissable si propice aux rêveries. Peu à peu il me sembla que ma pensée se détachait des lieux qui m'entouraient; tout fut transformé autour de moi; un éclat soudain me permit de saisir les détails d'un vaste appartement que je reconnaissais à merveille, mais qui n'était pas le mien. Je me trouvais dans la grande salle d'un vieux château que j'ai visité naguère, et où j'ai passé les plus belles heures de mon enfance. Au lieu d'avoir les pieds appuyés sur un garde-feu moderne, je les avais sur les chenets d'une immense cheminée gothique. Un arbre brûlait tout entier dans ce foyer. J'étais assis dans un fauteuil dont je reconnaissais parfaitement les armoiries fanées. Je ne pouvais m'y méprendre : j'étais à deux cents lieues de Paris. Ce qu'il y a de singulier, c'est que je ne m'en étonnai nullement. Je me mis à regarder les objets dont j'étais entouré avec la joie que l'on éprouve à retrouver un vieil ami dont on se croyait bien loin. C'étaient bien là les hautes croisées de la grand'salle, les larges tables à pieds contournés, les dalles à demi rongées par le temps. Quand j'eus examiné les meubles, j'élevai la tête, et je vis les portraits appendus aux murailles me regarder avec ce sourire bien connu qui m'avait si souvent effrayé le soir. Après les avoir salués l'un après l'autre du regard, il me sembla qu'ils attendaient un mot de moi; ils avaient l'air d'écouter.

« Vous voilà donc, m'écriai-je, impassibles témoins des joies et des douleurs du monde que vous avez quitté! Je vous reconnais bien : il n'y a que la tombe qui puisse donner cet éternel sourire, la tombe, le remède le plus certain des douleurs qui tourmentent cette misérable vie... Que de générations vous avez vues passer sous cette armure plus pesante que celle que vous portiez dans les combats, illustres chevaliers, sous ces manteaux plus lourds que vos chapes d'église, saints abbés, sous ces dentelles plus durables que celles dont vous vous pariez, nobles dames! Ces habits dont vous a drapés la fantaisie d'un peintre sur une toile fragile, ne couvrent plus que des cœurs vides qui ne sauraient battre aujourd'hui pour aucune pensée, haine ou amour, vice ou vertu. La tombe a eu raison de tout cela. Ah! que ne pouvez-vous descendre de la poussière de vos cadres, vous animer à ma voix, et me dire si votre tâche fut aussi lourde que la nôtre; si vous ne vous reposez pas avec joie de la lassitude d'avoir vécu? Vous aussi, vous fûtes tourmentés de douleurs terribles; et ces douleurs, vos fautes les avaient sans doute amenées comme pour nous?... Votre œuvre vaut-elle la nôtre? l'avenir jugera. L'avenir!... hélas! qu'est-ce que l'avenir pour cette poussière qu'on appelle un cadavre?... »

A peine avais-je fini de parler que je m'aperçus que leurs yeux flamboyaient, que leurs toiles s'agitaient.

« Qui es-tu donc, me disaient les vieux chevaliers, pour juger ainsi notre œuvre? Nous n'avons jamais renié notre famille, notre patrie, le passé glorieux de nos pères. Nous avons vaillamment porté la lance et l'épée ; nous avons conquis des royaumes ; nous avons traversé les mers pour une sainte idée ; nous pouvons dire avec orgueil que, comme le plus illustre d'entre nous, nous sommes restés sans peur et sans reproche. Voilà ce que nous avons fait ; mais toi, où est ton épée ; où est ta cotte d'armes ; où est ton bouclier ? Qui t'a fait chevalier ; à quel tournoi as-tu rompu ta première lance ; à quelle bataille as-tu reçu ta première blessure ? »

Puis les seigneurs du grand siècle :

« Nous avons fait de la France ce qu'il y a de plus grand parmi les grandes nations. Nous avons agrandi le sol ; nous avons été les dignes satellites de celui qui avait le soleil dans son écusson. Et toi, où est ton soleil ; où est la grandeur à qui tu sacrifies ; quel est le rayon descendu sur ta tête ? »

« Et nous, disaient les nobles évêques, nous avons pris la foi pour égide ; nous avons fait de la mitre une couronne, de notre crosse un sceptre : seulement cette couronne était la couronne d'épines, notre sceptre était le bâton du pasteur. Et toi, quelle est ta foi; quel est ton symbole? »

Puis vinrent les brillans seigneurs du siècle le plus brillant et le plus spirituel.

« Nous, nous sommes venus tard pour la gloire, nous avons pris le plaisir; nous nous sommes fait une vie élégante et parée; nous avons jeté l'or à pleines mains; nous avons aimé les pierreries, les fines dentelles, la soie chatoyante; nous avons fait de la conversation quelque chose de finement railleur, dont vous ne vous doutez pas, nous moquant de tout, mais avec bonne grâce et bonne foi, assaisonnant volontiers une fête d'un coup d'épée, mais ne nous ensevelissant point dans de mesquins et ignobles plaisirs. Et toi, où sont tes fêtes, tes plaisirs, tes carrosses et tes armoiries? »

« Nous, dirent de pâles et tristes figures, nous avons touché à peine à cette coupe du plaisir qui était plus qu'à moitié vidée par nos pères. Nous sommes venus dans des temps de colère, où l'expiation du passé a été dure. Mais si on a pu faire tomber nos têtes, on n'a pu les faire plier. Nous sommes morts pour tout ce que nous aimions, Dieu et le roi. Nous sommes tombés pêle-mêle sous la hache du bourreau, nobles seigneurs ou belles dames, hommes de robe ou d'épée, poètes ou législateurs ; mais nous sommes tombés noblement, chantant l'hymne de l'espérance et de la foi... Et toi, quel est ton martyre? A quelle grande idée immoles-tu ta vie ; quel est l'hymne que tu chantes? Où est ta foi ; où est ton avenir? »

Et tous de répéter :

« Dis-nous tes combats; dis-nous les grandeurs de ton siècle ; dis-nous ses plaisirs; dis-nous l'hymne de sa douleur ! »

—Hélas! répondis-je en baissant la tête, notre siècle est assez misérable : c'est une immense plainte. Oui, vous avez eu la meilleure part dans les destinées du monde, parce que vous saviez à quel but vous marchiez. Pour nous, nous allons au hasard, cherchant une voie et ne la trouvant pas. Les yeux fixés vers l'avenir, nous osons à peine lui demander ce qu'il réserve à notre destinée. Nous avons essayé de tout, révolutions dans les faits et dans les idées; et rien n'a pu calmer cette incessante agitation qui nous dévore. Et cependant, l'espoir ne saurait être détruit en nous; un jour viendra où quelque soleil radieux réchauffera nos membres glacés et nous rendra la foi, cette sauvegarde de tous les siècles et de tous les pays.

Comme je finissais de parler, un grand éclat de rire partit derrière moi : je me retournai vivement pour voir quel était celui de mes ancêtres qui se permettait cette impertinente manifestation, et je me trouvai en face d'un portrait singulier qui n'avait pas encore pris part à la conversation. Il riait encore, mais à son aspect je n'osai pas témoigner l'indignation que j'en ressentais. Cette peinture terrible avait toujours excité ma curiosité dès mon enfance, et jamais je ne l'avais envisagée sans terreur. Il y avait sur ce portrait une histoire lugubre dont je n'avais pas su tous les détails. Il représentait un homme à longue barbe, les cheveux grisonnans, l'œil dur et méditatif, la bouche pincée et moqueuse; son costume était singulier : une longue robe noire à manches serrées au poignet, sans aucune espèce d'ornemens. L'homme avait le coude appuyé sur une table avec un seul livre ouvert devant lui; à ses côtés un réchaud embrasé rendait encore plus sinistres les teintes de sa figure. Dans la maison, on l'appelait le sorcier; et souvent le soir nous étions passés en tremblant devant cette toile menaçante. Cette impression me revint dans toute sa vivacité; mais je fus saisi d'une véritable terreur, lorsque je vis ce sombre personnage descendre lentement de son cadre et s'avancer vers moi. Seulement sa démarche ne faisait aucun bruit; et quoiqu'il eût encore les lèvres crispées d'un infernal sourire, ses traits étaient immobiles. Il s'assit sur un fauteuil en face de moi; il s'accouda sur une table à ses côtés absolument comme dans son portrait, et ses petits yeux éclatans se fixèrent sur moi. Mes dents claquaient de frayeur.

— Parbleu ! me dit-il, mon cher monsieur, vous avez là avec vos dignes aïeux une bien intéressante conversation ; seulement le thême ne m'en paraît pas très neuf. Il y a longtemps qu'un poète a dit que chaque génération se plaignait de ne pas valoir la précédente ; et j'ai remarqué avec quelle humilité louable vous avez accepté ce reproche. Je serais bien aise de savoir de vous, mais confidentiellement, ce que vous pensez à ce sujet.

Ce ton demi-railleur, demi-bonhomme, m'avait rassuré complétement ; je me trouvais parfaitement à mon aise.

— A vrai dire, lui répondis-je, je pense que depuis que l'homme traîne après lui la douleur, le fardeau est à peu près le même ; mais vous, monsieur, qu'en pensez-vous ?

— Je ne pense pas, je regarde.

—Au fait, c'est un spectacle assez intéressant que celui du monde, et il n'a pas besoin de commentaires.

— Et pourtant s'il en est un que l'on ait commenté, retourné, arrangé, augmenté, c'est celui-là. Les hommes passent leur vie à se donner en spectacle les uns aux autres avec un sérieux bien amusant.

— Dites plutôt qu'il est digne de pitié.

— Je n'ai jamais pitié de personne.

— Vous avez donc vécu sans joie ni douleurs ?

— Je n'ai jamais vécu.

Ces négations continuelles m'avaient donné de l'humeur, et je répondis sèchement :

— Tout insaisissable que vous êtes, je dois vous prévenir que je n'aime pas à être mystifié. Vous avez beau être une ombre...

— Je ne suis pas une ombre.

— Mais qui donc êtes-vous, lui dis-je avec colère ?

Mon interlocuteur croisa les deux pans de sa robe, plaça ses jambes l'une sur l'autre, et me répondit de l'air le plus simple du monde :

— Je suis Satan.

— Tu es Satan, m'écriai-je en reculant mon fauteuil !

— Ce n'est pas la peine, reprit-il avec calme,

de prendre cet air effaré et majestueux, ni de me tutoyer, absolument comme dans tous les opéras. L'étonnement est absurde, vous m'avez vu assez souvent mêlé aux affaires de ce monde pour me connaître. La frayeur est inutile; je n'ai pour le moment rien à démêler avec vous. Quant au tutoiement, je ne demande pas mieux que d'employer cette formule, si vous pensez qu'elle nous mette plus à l'aise. D'ailleurs elle me convient assez, parce qu'elle voile toujours les mensonges de l'amour et ceux de l'amitié.

— Je ne suis ni étonné ni effrayé, lui répondis-je aussitôt (et certes je mentais un peu), et je savais déjà que tu méprises le tutoiement. Ton secrétaire a eu soin de nous en avertir en publiant tes mémoires.

Le diable se mit à rire de nouveau.

— Oui, je me suis passé cette fantaisie; seulement tu avoueras que *mes mémoires* sont plutôt ceux de tout le monde que les miens. De tous les mémoires, présens, passés et futurs, je suis sûr que ceux-là sont les seuls où *l'égotisme* tienne aussi peu de place. C'est un miroir que j'ai présenté au siècle ; seulement l'auteur a oublié un chapitre, celui qui le concerne.

— Je voudrais bien quelque confidence semblable.

— Tu arrives un peu tard, et je suis mal disposé. Il y a un siècle que je suis dans ce cadre sous une forme que j'ai prise autrefois, et j'avais besoin de changer de position. Tout ce que je puis faire pour toi, c'est de te raconter l'histoire qui a rapport à ce portrait. Cela te convient-il ?

— Parfaitement ; une question seulement : pourquoi refuses-tu de parler de toi ?

— Il n'y a qu'un homme qui ait su parler convenablement de moi ; lui seul a pu raconter tout ce qu'il y a de grand dans ma douleur et dans ma chute. Aucune voix mortelle n'a pu entonner depuis lui ce chant de malédiction dont je suis le héros.

— Oh ! Milton ! Milton ! m'écriai-je aussitôt. Quel homme et quel poète ! Qui donc pourra te peindre après lui !...

Thus Satan, talking to his nearest mate,
With head uplift above the wave, and eyes,
That sparkling blazed; his other parts besides
Prone on the flood, extented long and large,
Lay floating mang a rood; in bulk as huge
As whom the fables name of montrous size,
Titanian, or Earth born, that warr'd on Jove,
Briareos, or Typhon, whom the den
By ancient Tarsus held; of that sea-beast
Leviathan, which God of all his works
Created hugest that swim the ocean stream :
Him haply, slumbering on the Noway foam,
The pilot of some small night founder'd skiff,
Deeming some island, oft as seamen tell,
With fixed anchor in his scaly rind,
Moors by his side under the lee, while night
Invests the sea, and wished morn delays.
So stretch'd out huge in length the arch fiendlay,
Chain'd on the burning lake; nor ever thence
Had risen or heaved his head; but that the will
And high permission of all-ruling Heaven
Left him at large to his own dark designs;
That with reiterated crimes he might
Heap on himself damnation, while he sought
Evil to others, and enraged might see
How all his malice served but to bring forth
Infinite goodness, grace and mercy schown
On man by him seduced; but on himself
Treble confusion, wrath, and vengeance pour'd.

— Oui, c'est bien ce que j'étais, reprit Satan avec amertume; mais, dans ce siècle où tout se rapetisse, à qui me montrer dans ma sauvage grandeur? Non, il vaut mieux mille fois subir les formes de la décrépite humanité, que me revêtir de cette auréole de malédiction qui a remplacé l'auréole de l'ange. Mais c'est assez parler du passé : je t'ai promis un récit, je crois. Ne t'attends pas aux péripéties du drame ou du feuilleton; je vais te conter au plus vite un fait passé, il y a un siècle, dans les lieux où nous sommes.

— Au moins, lui dis-je, promets-moi de me raconter un jour quelque chose de toi-même.

— Je ne promets jamais. Les promesses sont pour les hommes qui se contentent de promettre, parce qu'ils ne tiennent jamais.

— Satan se fait moraliste !

— Tu ne sais donc pas que sans moi il n'y aurait plus de morale. Mon récit va te le prouver.

— C'est bien, je l'écoute.

Je m'arrangeai dans mon fauteuil, et Satan commença :

Il y a environ cent ans que cette histoire s'est passée. Cette belle dame que tu vois là en a été la principale héroïne. Comme elle n'a jamais fait partie de ta famille, je ne blesserai pas ce sot orgueil qui fait de tout homme le panégyriste obligé de ses aïeux. En 17**, la famille de P... était une des plus anciennes et des plus considérées des environs de ***. Elle se composait du vieux marquis de P..., de sa sœur, et d'une jeune fille, seul rejeton de cette famille. Élevée par sa tante dans les principes de la morale la plus rigide, la jeune Laure joignait à l'orgueil de la race l'orgueil de la vertu. On lui avait appris à mettre au même rang l'oubli des convenances et l'oubli d'un devoir. Sa vie devait être un holocauste à son nom, et non pas à Dieu. Quand on parlait de quelque jeune fille d'un grand nom qui avait commis une faute : Quel crime, disait la tante, quand on a un blason sans tache !... La logique, si terrible dans ses conséquences chez les enfans, avait donc amené Laure à cette conclusion : Le mal n'est un mal que quand il se produit au grand jour; là où il n'y a pas de scandale, il n'y a pas de faute.

Cependant Laure était regardée comme le modèle de toutes les vertus et de toutes les grâces; mais elle n'était pas riche; et il y a un siècle que l'on savait compter aussi bien qu'aujourd'hui. Les jeunes seigneurs de la contrée l'entouraient d'hommages, mais ils ne se pressaient pas de lui offrir leur main. Laure avait une âme aussi fière qu'indépendante: elle comprit qu'elle était isolée, malgré l'encens que l'on brûlait à ses pieds. Elle se promit de sortir à tout prix de cette position. Sur ces entrefaites, le duc de C..., gouverneur de la province, vint à ***; il vit Laure, s'éprit pour elle d'un violent amour, et la demanda à son père. Mais le duc approchait de cinquante ans, Laure en comptait à peine dix-huit; et le marquis de P... éprouva quelque embarras en pensant qu'il aurait à vaincre une résistance opiniâtre. Il n'en fut pas ainsi. Laure avait calculé les avantages de cette position: elle accepta sans balancer.

Les noces furent magnifiques ; le duc prodigua à sa jeune fiancée tous les enivremens de la vanité. Après le mariage, les époux partirent pour Paris, où les plus grands succès attendaient Laure. Elle se livra avec ardeur à tous les plaisirs ; mais, quoique entourée d'adorateurs, elle sut les maintenir dans les bornes du plus respectueux hommage. Elle avait ainsi atteint son but : une existence brillante, où la vertu même était un luxe. Après les premières années passées dans l'enivrement de tous les plaisirs, le vide de cette vie commença à se faire sentir. Laure n'avait pu garder son cœur comme sa vertu. Parmi les jeunes gens qui fréquentaient l'hôtel de C..., il en était un qui se tenait dans l'ombre, alors que les autres faisaient la roue de leur mieux aux yeux de la duchesse. Il se nommait le comte de Sarran, et menait un train fort modeste. Dans tous les temps, les femmes ont aimé les contrastes. La duchesse de C..., altière et hautaine, devait aimer le comte de Sarran, timide et modeste comme une jeune fille. Mais Laure avait un caractère trop ferme pour céder à une inclination que le monde ne pouvait sanctionner. Et alors commença une lutte cruelle entre son cœur et sa résolution. Ce fut alors aussi que je m'attachai à elle : je suivis pas à pas les phases de cette passion qui était combattue, non par l'idée du devoir, mais par les convenances du monde....

— Je m'aperçois, dis-je à Satan en l'interrompant, que tu t'efforces de donner aux actions de cette pauvre femme les plus coupables motifs.

— Ce n'est pas ma faute, me répondit-il, s'il m'est donné de voir plus avant que qui que ce soit au fond des consciences humaines. Pour ceux qui ne peuvent juger des actions d'autrui que par le côté extérieur, combien de mécomptes et de désillusions, quand ils découvrent la réalité! D'ailleurs, je veux bien le reconnaître, l'éducation, l'état de la société, font les hommes plus pervers qu'ils ne le seraient naturellement; et puis, je ne néglige rien de ce qui peut faire tomber en mon pouvoir la plus grande partie possible de cette race abhorrée. Il m'arrive presque toujours d'avoir si peu à faire, que, lorsque je rencontre quelque obstacle sérieux, je m'attache à le vaincre avec une tenace ardeur. C'est ainsi que Laure était pour moi l'objet d'une attention toute particulière. Peut-être ne s'avouait-elle pas ce qu'il entrait dans ses sentimens de fange mondaine. J'eus soin d'éveiller en elle le remords avant la faute, pour creuser des abîmes dans cette âme où je voulais m'établir. Je livrai donc son cœur à toutes les tentations de l'amour. Elle résista courageusement. J'eus beau faire naître toutes les occasions auprès d'Alphonse de Sarran, elle sut contenir cet amour qui la dévorait. Mais je suis patient parce que le temps m'appartient, et je ne désespérai pas.

Un événement fort simple vint détruire tous mes plans. Le duc partit pour une périlleuse campagne. Peu de temps après, on apprit qu'il avait péri sur un champ de bataille. Laure laissa écouler le temps convenable, et elle épousa Alphonse de Sarran; puis, comme la solitude plaît aux amours heureux, les deux époux partirent pour le château où nous sommes. Je ne te raconterai pas les phases de cette passion qu'une union avait rendue licite. Cela ne me regardait plus ; et je m'amuse peu à écouter les soupirs et les idylles des amans. Deux enfans vinrent mettre le comble à ce bonheur. J'eus alors une fantaisie. Je me transformai en précepteur ; je pris une face ridée, un dos courbé, l'air humble et bénin. Je me chargeai d'un lourd bagage de science pédante, et je me présentai au comte de Sarran qui me plaça auprès de ses enfans. C'est à un caprice de ces enfans que mon portrait est dû ; ils voulurent perpétuer le souvenir de mes bons soins à leur égard ; ils me placèrent entre leur père et leur mère, à cette place où tu me vois encore.

J'avais compté sur le temps pour ruiner le bonheur des jeunes époux ; je fus trompé dans mon attente. Quatre ans s'écoulèrent, et leur vie n'avait point eu de nuages. Le caractère de Laure s'était modifié ; loin du monde, elle devint ce que la nature l'avait faite, ardente, passionnée, marchant fièrement et avec bonheur dans la voie du devoir. Moi, je comprenais qu'il fallait une épreuve décisive; le sort vint me l'offrir, je la saisis avec empressement.

Un soir, la comtesse de Sarran était assise à cette place où nous sommes aujourd'hui. Elle savourait, dans le silence d'une douce méditation, le bonheur de cette vie où elle n'avait jamais formé un désir sans qu'il fût accompli; elle en était presque effrayée. Vous autres, pauvres jouets de la destinée, vous n'êtes pas même capables de supporter, ni une grande joie, ni une grande douleur. Les deux enfans de Laure jouaient aux genoux de leur mère qui les regardait avec amour. C'était, ma foi, un tableau fort touchant; et si je n'avais été là pour jeter au milieu d'eux quelques sombres pensées, je crois que ces trois êtres m'auraient assez bien représenté la plus grande somme de bonheur possible sur cette terre. Tout-à-coup, comme pour chasser des idées importunes, la mère se leva, et serra sur son cœur ses deux enfans. On eût dit qu'elle voulait les préserver de quelque danger qu'elle prévoyait.

Au même instant, un domestique se présenta, et annonça qu'un homme assez mal vêtu demandait à parler à madame la comtesse.

— Dites-lui que M. de Sarran est absent, répondit Laure.

— Mais c'est à madame qu'il veut s'adresser, reprit le valet.

— C'est bien; faites entrer.

Quelques minutes après, l'homme qui venait de se faire annoncer entra dans le salon. Madame de Sarran s'avança vers lui pour le congédier plus vite. En la voyant venir, l'homme s'appuya sur un meuble comme s'il allait tomber; il paraissait souffrir beaucoup. A peine la comtesse eut-elle levé les yeux, qu'elle poussa un cri, et recula comme si elle eût marché sur un serpent.

— Monsieur le duc! s'écria-t-elle d'une voix étouffée.

— Moi-même, Madame. Je vous remercie

de m'avoir reconnu, malgré le déplorable état où je suis.

Laure ne répondit pas : son cœur battait violemment ; sa respiration était haletante. Ses jambes fléchirent ; elle fut obligée de s'asseoir.

— Pardon, Madame, reprit le duc, de vous avoir surprise ainsi. Je devais m'attendre à l'effet que j'ai produit. J'aurais dû me faire annoncer ; mais, le pouvais-je ?

— Oh ! vous avez bien fait, dit Laure qui s'était un peu remise ; je vous en remercie.

Et aussitôt elle se leva, fit sortir ses enfans, et ferma les deux portes à clef.

Le duc s'était assis pesamment. Quand elle se fut placée à côté de lui, il lui parla ainsi :

— Laure, je suis aujourd'hui dédommagé de tous les maux que j'ai soufferts. Après la bataille de ***, je restai parmi les morts. Je ne sais combien de temps dura mon évanouissement. Quand je revins à moi, je sentis un poids lourd qui m'étouffait, quelque chose de froid qui me serrait de tous côtés. Je me soulevai péniblement ; je reconnus que j'étais sur un chariot entouré de cadavres. J'essayai de pousser un cri ; tout faible qu'il fut, on l'entendit. Le soldat qui conduisait ces dépouilles mortelles dit à son camarade :

— Tiens ! il paraît qu'ils ne sont pas tous morts.

Puis je les entendis agiter ensemble la question de savoir s'ils ne m'acheveraient pas charitablement. Ils conclurent pourtant à me sauver. Ils s'arrêtèrent, me dégagèrent des morts qui m'entouraient, et m'enveloppèrent de quelques habits. Je parvins ainsi jusqu'à la ville voisine, où je fus placé dans un hôpital. A peine fus-je guéri, qu'une horrible captivité commença pour moi. Mais j'étais soutenu, au milieu de mes douleurs, par la pensée de vous retrouver un jour. Cette pensée me suivit dans tous les instans de ma vie. Pendant cinq ans, j'ai travaillé à mon évasion. Pour arriver jusqu'ici, il m'a fallu une énergie qui surpasserait les forces d'un homme, si l'amour ne m'avait soutenu. Oui, l'amour, Laure ; mon sort est entre vos mains. Je serai trop payé de mes souffrances, si vous me trouvez, malgré mes cheveux blancs, aussi digne de votre amour que par le passé.

La comtesse ne répondit pas au duc : elle l'avait à peine écouté. Elle ne fut pas touchée un instant de ces brûlantes paroles de vieillard. Pendant qu'il parlait, voici quelles étaient les pensées de Laure :

— Jamais je ne pourrai sacrifier mon bonheur à ce devoir qui serait pour moi plus odieux que la mort. Le monde ne m'en saurait d'ailleurs aucun gré, et tous les sacrifices que je lui ai faits seraient inutiles. Il faut sortir à tout prix de cette position que je ne saurais accepter. Dussé-je périr! je dois le tenter.

Cette résolution lui rendit le courage.

— Monsieur le duc, dit-elle à son premier mari, pardonnez au trouble qui m'agite; mais tout ce qui m'arrive est si imprévu, que j'en ai la tête bouleversée. Je crains de vous annoncer ce qui pourrait renouveler vos douleurs.

— Que voulez-vous dire, Laure; vous ne sauriez être coupable?

— Je ne mérite pas ce soupçon; mais ne vous est-il pas venu à la pensée, qu'après une longue absence, d'autres devoirs pourraient m'avoir séparée de vous?

— Non, je n'ai pu le penser; j'ai été assez fou pour croire que mon souvenir serait plus fort que l'absence.

— Eh bien, quelque dur que soit cet aveu, je vous le dois tout entier, dût votre colère m'écraser aussitôt! Monsieur le duc, on vous a cru mort, et je suis mariée.

— Oublié, au point d'être remplacé par un autre! Oublié!... oublié, répétait-il dans un morne désespoir.

— Monsieur, dit Laure après un silence, j'attends votre détermination.

— C'est la vôtre, Madame, que je réclame. Je ne sacrifierai à personne mes droits et la dignité de mon nom.

— Mais c'est un scandale épouvantable qui nous perdra tous deux. Certes, s'il n'y avait que moi à sacrifier, je n'hésiterais pas; mais j'ai aussi des devoirs graves envers celui auquel je croyais appartenir tout entière. Je suis mère : et c'est là l'obstacle le plus infranchissable à ce que vous demandez de moi. Si vous voulez, Monsieur, je quitterai, fortune, rang, position, pour aller m'enfouir dans quelque obscure retraite : mais l'honneur de mes enfans sera sauf.

— Je ne transigerai jamais avec mes droits; jamais, ajouta-t-il en se levant. Laure, je veux croire que vous n'avez pas réfléchi à ce que vous me proposez. Je vous donne jusqu'à ce soir pour vous préparer à me recevoir convenablement. A ce soir.

— Ainsi donc, je n'ai pu obtenir ni merci, ni pitié. Dans quelques heures, toute ma vie sera détruite. A ce soir donc, dit-elle en se levant. Voici la clef du pavillon qui est au bout du parc.

— C'est bien, reprit le duc; j'aurais le droit de demander davantage. J'espère que demain je rentrerai ici en maître.

Quand le duc fut sorti, Laure tomba dans une de ces méditations où la pensée descend à des profondeurs infinies. Il fallait prendre une prompte détermination pour éviter une lutte qui devait compromettre à jamais sa position, son nom et sa réputation. Innocente, elle allait être traitée comme coupable. A la nouvelle de la résurrection inattendue du duc, il y aurait des gens qui diraient : elle en savait bien quelque chose !... et ce soupçon, c'était le déshonneur, c'était l'infamie. J'ai toujours trouvé assez risible que, dans votre société, le malheur fût si souvent regardé comme un crime. Dans ce monde que vous appelez civilisé, l'homme le plus sévère, le plus intact, le plus scrupuleux, ne peut pas répondre que sa probité, ses mœurs et son caractère ne soient attaqués par quelque circonstance imprévue, indépendante de sa volonté. Or, comme le savait très bien Laure, le soupçon était une tache indélébile. Que faire alors, que résoudre dans cette voie sans issue où le sort venait de l'engager ? Ne devait-elle pas tout tenter pour sauver sa réputation, son amour, et le nom de ses enfans ?

D'abord elle pleura amèrement sur ce bonheur perdu qu'elle avait acquis par tant de sacrifices.

Puis elle essaya de se raidir contre sa destinée.

Enfin elle se leva violemment. Son mari venait d'entrer. Elle s'était arrêtée à une affreuse mais inébranlable résolution.

Le comte de Sarran revenait de la chasse; il était sans prévision; il marchait heureux et fier, comme un homme que le malheur ne saurait frapper. Il tendit la main à Laure; elle ne la prit pas, lui fit signe de s'asseoir à ses côtés, et lui dit sans aucune préparation :

— Alphonse, le duc de C... n'est pas mort; je viens de le revoir tout à l'heure. Il veut faire valoir ses droits; il réclame la place que vous occupez près de moi. Que voulez-vous faire?

Cette nouvelle inattendue terrassa le comte; il laissa échapper une exclamation, et ne répondit pas.

— Je vous dis, Alphonse, que ce bonheur que le ciel seul semblait pouvoir nous enlever, ce bonheur nous échappe : le duc est revenu. Il sait tout ; il ne cédera pas ; et ce soir, dans deux heures, il doit venir me demander si vous consentez à lui céder ce qu'il appelle ses droits.

—Jamais, jamais ; je préfère une lutte acharnée, la mort même. Oh! Laure, comment avez-vous pu venir à moi, et me proposer d'abandonner cet amour qui fait ma vie, cet amour que vous m'avez juré pour toujours?

— Alphonse, dit la comtesse en lui prenant la main, est-ce que je vous ai dit quelque chose de cela? Je vous aime ; le duc m'est odieux. Mais pensez au scandale de cette affaire ; voyez notre nom traîné devant le parlement, nos enfans marqués comme nous d'un sceau d'infamie et de déshonneur. Oui, il faut à tout prix se soustraire à un malheur aussi affreux.

— Merci, Laure, merci : vous m'avez compris. J'ai une épée ; je vais trouver le duc ; le sort décidera entre nous deux.

— Enfant! Le duc a acquis par son âge le droit de refuser un combat inégal. Et d'ailleurs, que lui succombe, ou bien que ce soit vous, le scandale est le même : nous sommes perdus, nous et nos enfans.

— Que faire alors? s'écria le comte désespéré.

— Alphonse, vous m'aimez, vous préférez tout, tout, entendez-vous bien, à la perte de notre bonheur?

— Vous le savez trop pour que j'aie besoin de vous le répéter. Eh bien!...

— Eh bien!...

Laure se pencha à l'oreille du comte, et lui parla un instant à voix basse.

— Mais c'est un assassinat! s'écria-t-il.

— Je vous l'avais bien dit, reprit Laure; vous reculez?

Je ne vous rapporterai pas les détails de cette lutte qui fut horrible; elle dura long-temps. Enfin Laure l'emporta.

Trois heures après, environ vers minuit, le duc descendait l'escalier de la terrasse qui longe les bords de la rivière. Arrivé au pavillon, il entendit une fenêtre s'ouvrir et une voix bien connue lui dire :

— Est-ce vous ?

— Oui, répondit-il.

Au même instant, un coup de feu partit ; le duc chancela, puis il tomba lourdement dans les flots de la rivière qui coulait à ses pieds.

Le lendemain, son cadavre fut retrouvé par les gens du château. Nul ne le reconnut. Comme la porte du parc était entr'ouverte, on pensa que c'était quelque malfaiteur qu'un garde-chasse avait surpris. Cette affaire n'eut pas le moindre retentissement dans le pays.

Cependant le bonheur était perdu à jamais pour le comte et la comtesse de Sarran.

Le comte ne survécut pas long-temps à ses remords.

Quant à Laure, après avoir établi ses enfans, elle se retira dans un couvent où elle est morte en odeur de sainteté.

— Tout ce que je vois dans cette histoire, dis-je à Satan, c'est que tu y joues un médiocre rôle. Tu t'acharnes à la perte de deux êtres ; tu leur fais commettre un crime ; et ce crime commis, tu les laisses se sauver l'un et l'autre, se sauver corps et âme. Ce n'était pas la peine de s'appeler Satan pour arriver à un aussi pauvre résultat.

Satan sourit, puis il laissa tomber ces paroles :

— Et les enfans ?

— Eh bien !

— Les enfans ont expié le crime de leur mère : ils se sont perdus. J'avais prévu tout cela : j'avais été leur précepteur.

— Eh bien! après tout, ton histoire ne conclut pas; et à vrai dire, je la trouve assez peu nouvelle.

— Ah! tu crois aux récits prétendus nouveaux? me dit Satan un peu piqué. Quant à la conclusion, la voici : Une faute me rapporte toujours quelque chose.

J'allais répliquer, quand je m'apercus que mon interlocuteur avait quitté sa place. Je tournai la tête, je reconnus les murs de ma chambre à Paris. Je me levai tout brisé de ce que le lecteur appellera un rêve, de ce que j'appellerai, moi, une apparition. Je pourrais même, s'il y tient, l'expliquer convenablement à son incrédulité. Dans le château où mon esprit se promenait tout à l'heure, il était d'usage, il y a quelques années, de raconter le soir quelque aventure bien sombre et bien effrayante. De toutes ces histoires, une seule m'avait frappé, celle que je viens de rapporter. Elle m'est revenue pendant une nuit de mauvais sommeil. Cela me paraît plausible : je suis, je crois, assez en règle avec les esprits sceptiques. Quant à ceux qui ne sont pas éloignés des idées exprimées en tête de ce chapitre, je puis leur certifier que je n'ai pas fait ici du fantastique à plaisir, et que j'ai éprouvé ce que je viens de raconter.

XII

LE SIRE A LA MAIN SANGLANTE.

L'imagination populaire, tout inépuisable qu'elle est, offre pourtant des reproductions fréquentes de certaines inventions. Les mêmes récits sont appliqués à des personnages très divers, placés à des distances très éloignées. Dans l'introduction de ce livre, en mentionnant ces coïncidences, nous avons essayé d'en faire entrevoir la filiation. Ce travail, fait sur un plan plus étendu, pourrait fournir à une curieuse étude qu'on pourrait intituler : *Des Traditions comparées.* M. Ampère n'a pas manqué de le faire remarquer dans son *Histoire littéraire* déjà citée. Quant à nous, nous l'avons déjà dit, nous avons pris la partie pittoresque des souvenirs populaires, laissant à d'autres plus patiens et plus érudits le soin d'élever à ces souvenirs un vaste monument. Toutefois nous n'avons pas évité les rapprochemens quand ils se sont présentés à nous. En voici un exemple que nous offrons à celui qui voudra restituer les traditions populaires du Midi. Le récit suivant rappelle un fait analogue à celui de Gabrielle de Vergy; il se termine par une tradition que les frères Grimm ont trouvée en Allemagne.

Mirepoix est une des plus anciennes petites villes du midi de la France. Les habitans du pays donnent à son nom une origine tout orgueilleuse. Comme la colline sur laquelle le château a été construit présente un aspect imposant et dominateur, les passans s'arrêtaient en disant : *Admire cette cime*, *Mira pech*. Le château prit peu à peu le nom de *Mirapech*, *Mirepoix*. La ville qui vint se mettre sous la protection de ses redoutables murailles, reçut le même nom. Les guerres de religion la soumirent à de grandes vicissitudes. Gui de Lévis, maréchal de la foi, l'obtint pour apanage au commencement du XIIIe siècle. Elle resta depuis lors presque toujours dans sa famille.

Au siècle suivant, les malheurs qui suivirent la descente des Anglais en France, firent éprouver leur contre-coup à la petite ville de Mirepoix. Les sommes énormes et les provinces qu'il fallut livrer pour le rachat du roi Jean épuisèrent la France au point qu'il devint impossible d'acquitter la solde des gens de guerre qu'on avait mis sur pied pour résister à l'Anglais. Ces troupes se débandèrent et organisèrent le pillage et le brigandage sous différens chefs qu'elles choisirent. Une de ces bandes s'abattit sur les terres de Mirepoix, et y séjourna depuis 1359 jusqu'en 1363. Elle avait pour chef un homme résolu, nommé Jean

Petit, qui fit trembler souvent les suzerains du voisinage. Gaston Phœbus fut obligé de traiter avec lui pour le faire sortir du royaume.

Mais le jour de son départ, ce brigand pilla et incendia la ville qu'il quittait. Fortifiée depuis pour résister à de pareilles tentatives, elle fut entourée de larges fossés, et enceinte d'une muraille percée de quatre portes et défendue par quatre tours. On en voit encore aujourd'hui quelques vestiges.

Le souvenir des maux causés par Jean Petit est resté profondément gravé dans l'esprit de la population du pays. Il y est connu sous le nom du *Sire à la main sanglante;* et l'imagination du peuple en a fait un héros dans le genre du Corsaire. Voici ce qu'elle raconte à son sujet.

Jean Petit s'étant emparé du château et de la ville de Mirepoix, voulut se donner toutes les allures des seigneurs qu'il avait chassés. Il jeta les yeux autour de lui pour chercher une femme qu'il pût lier à son sort; il ne tarda pas à découvrir la plus fine fleur des damoiselles de la contrée, Marie de Monségur. Marie réunissait tous les avantages que rêve un époux ; elle était belle, riche; et, ce qui était d'un plus grand poids pour Jean Petit, elle appartenait à une ancienne et noble famille.

Le seigneur de Monségur accueillit avec horreur la demande de Jean. Il s'en inquiéta fort peu; s'étant procuré des intelligences dans le château, il se rendit maître par un enlèvement de la belle Marie. Dès qu'elle fut arrivée à Mirepoix, il l'épousa malgré elle. Cependant le fiancé de Marie voulut essayer de la soustraire à un sort aussi épouvantable. Il ne fallait pas penser à user de violence : Jean Petit était le plus fort. Muni des pouvoirs du sire de Monségur, le fiancé s'achemina vers le château de Mirepoix pour entamer la voie des négociations. La tradition ne lui donne pas d'autre nom que celui d'Albert.

Jean Petit, prévenu de son arrivée, le reçut avec un grand appareil. Il avait pris les armoiries de Mirepoix, et les faisait porter à ses hommes d'armes; il se piquait d'équité, et il voulut en donner un exemple à Albert. Quand celui-ci parut, Jean tenait une espèce de lit de justice, et il jugeait sans appel les délits qu'on venait lui soumettre. Parmi les délits qui lui furent soumis ce jour-là, il s'en rencontra un qui donna lieu à un singulier acte de justice, tout-à-fait dans les mœurs du temps.

On avait amené un homme qui avait été trouvé maraudant dans une des vignes de la seigneurie de Mirepoix. Jean Petit le fit approcher, et lui demanda quelle excuse il avait à faire valoir pour ce fait.

— Monseigneur, répondit le paysan, je n'ai pris qu'une grappe de raisin à votre vigne ; pour un si mince dommage, monseigneur me fera-t-il mourir ?

— Non, reprit Jean ; mais ta punition sera mesurée au dommage que tu as fait à ma vigne.

Cela dit, il se leva, pria Albert de le suivre, et se rendit sur le lieu où le délit avait été accompli. Arrivé là, il fit attacher à un poteau le pauvre diable qui tremblait de tous ses membres ; puis il ordonna que chaque passant serait arrêté, qu'on lui présenterait une pince avec laquelle il arracherait un seul poil de la barbe du coupable. Puis il se tourna vers lui, et lui dit :

— Si chaque passant avait fait à ma vigne ce qu'il va faire pour ta barbe, ma vigne serait vendangée.

Après cet arrêt qui ressemble assez à un apologue, le châtelain regagna le château. Albert voulut profiter de cette circonstance pour entamer sa négociation.

—Messire, dit-il à Jean, j'augure bien pour moi d'une pareille équité; vous êtes trop juste pour me refuser un bien que la violence seule a fait tomber en votre pouvoir.

— Je ne sais à quoi vous faites allusion, sire chevalier, reprit Jean ; si c'est à la dame de Mirepoix, notre femme, je ne puis admettre ce reproche. Madame Marie est ici de son plein gré, et nul ne la retient; vous allez l'entendre de sa bouche même.

Jean fit un signe, et Marie parut quelques instans après.

— Madame, lui dit Jean, voici un jeune seigneur qui croit que vous êtes retenue ici malgré vous. Dites-lui ce qu'il en est, et si vous n'êtes pas traitée comme la souveraine maîtresse de céans.

— Cela est vrai, répondit Marie pâle et tremblante; le devoir m'enchaîne aujourd'hui à la fortune de monseigneur : je ne dois pas le quitter.

Albert ne put soutenir la vue de cette pauvre victime qu'il aimait de toutes les forces de son âme.

— Je n'ai plus rien à faire ici, s'écria-t-il le cœur brisé ; je dois respecter une décision faite avec une apparence de liberté.

Puis mettant un genou en terre :

— Madame, dit-il, cette main qui vous était destinée, cette main qui peut serrer une épée ne vous fera jamais défaut. Voici mon gant ; je le laisse en défi à celui qui se dit sire de Mirepoix.

Marie se précipita sur le gant.

— C'est moi qui le relèverai, dit-elle ; une dernière fois, je serrerai votre main en signe d'amitié; c'est un adieu à mon père et à mes espérances du passé. Si mon seigneur et maître fait quelque cas de moi, il regardera cette provocation comme non avenue.

— C'est bien, reprit Jean brutalement. Beau cavalier, vous avez entendu le désir de madame Marie ; ce désir est le nôtre. Vous êtes libre de repartir.

Le soir de ce jour, Albert en proie au plus violent désespoir, quittait le château de Mirepoix. Arrivé sur la lisière de la forêt de Bélène, il fut accosté par un chevalier qui lui demanda à chevaucher quelque temps avec lui. Albert eut l'imprudence d'accepter. Quand ils furent arrivés à un endroit épais, éclairé par un rayon de la lune, le chevalier leva la visière de son casque, et il dit d'une voix sourde :

— Je suis celui que tu appelles Jean Petit, le ravisseur de ta fiancée. Tu l'as dit; ta main lui appartient, et je viens la chercher.

A peine avait-il achevé ces mots, que d'un coup de hache il abattit le poignet du malheureux Albert.

Le lendemain matin, cette main fraîchement coupée fut présentée sur un coussin à la pauvre Marie.

— Je ne me refuserai jamais à aucun de vos désirs, lui dit son barbare époux : vous avez ramassé le gant de cette main, la main devait suivre le gant.

On dit que Marie survécut peu de temps à cette scène affreuse. Quant à Jean, le sang d'Albert avait laissé sur sa main des taches qu'il ne put jamais effacer. Depuis lors, on ne l'appela plus que le Sire à la main sanglante.

Un an après, il quitta Mirepoix, en lui laissant pour dernier adieu le pillage et la mort. Le bruits les plus étranges accompagnèrent cet acte de destruction. Il devint dans le pays de notoriété publique que le Sire à la main sanglante avait lassé la patience divine par ce dernier crime, et qu'il en avait été puni aussitôt. Les uns prétendaient qu'il avait été emporté par le diable; les autres, qu'il avait succombé sous les coups d'un chevalier inconnu qui ne frappait que de la main gauche. Tous s'accordaient à placer la fin de ce drame dans les sombres retraites de la forêt de Bélène, située à quelques lieues de Mirepoix. Cependant la famille de Lévis était rentrée en possession du château et de la ville ; Philippe de Lévis en était alors le suzerain. Philippe était un noble et puissant seigneur, aussi remarquable par sa valeur que par sa piété. Lui seul ne redoutait pas la forêt de Bélène, et il y faisait de longues chasses avec une suite nombreuse.

Un jour, il s'était laissé emporter fort loin par son cheval, en poursuivant un sanglier. Le jour commençait à tomber, et le crépuscule donnait aux grands arbres et aux immenses allées l'aspect le plus sinistre. Comme Philippe cherchait à s'orienter, il se trouva dans un carrefour qui lui était inconnu. Tout-à-coup un homme se présenta devant lui. Il portait une longue robe ; sa barbe tombait sur sa poitrine ; ses cheveux étaient ras. A la vue de ce sinistre personnage, Philippe fit un signe de croix.

— Ne crains rien, lui fut-il répondu ; suis-moi si tu as du cœur, et aucun mal ne te sera fait.

Cela dit, l'étrange interlocuteur de Philippe sauta en croupe derrière celui-ci, et le cheval, malgré ce double faix, partit avec une vitesse inouïe. Ils arrivèrent bientôt à une grande avenue, au bout de laquelle on apercevait un château magnifique. A mesure qu'ils approchaient, ils rencontraient toutes sortes de gens qui paraissaient s'y rendre. C'étaient de nobles dames suivies de pages blasonnés, des chevaliers à la riche armure, des prélats en grand costume. Cette foule était silencieuse; et pas un mot n'était échangé entre tous ces personnages.

Nos deux cavaliers arrivèrent bientôt au pont-levis. Le compagnon de Philippe sauta à bas de cheval, plaça sa main devant sa bouche, et fit entendre un bruit étrange qui retentissait comme le son de dix cors. Aussitôt le pont-levis s'abaissa, et un écuyer se présenta pour tenir le cheval de Philippe. Son compagnon ne le souffrit pas; il prit lui-même la bride du cheval, et il l'attacha à un anneau scellé dans le mur de la première cour. Il y avait déjà un grand nombre de chevaux ainsi attachés.

— Suis-moi, dit-il ensuite à Philippe; et quoi qu'on te dise, ne réponds pas; quoi qu'on t'offre, n'accepte pas.

Philippe et son mystérieux compagnon pénétrèrent dans un vestibule immense où se tenaient toutes sortes de gens d'armes, de pages et d'écuyers. Les uns jouaient aux dés; les autres fourbissaient leurs armes; ceux-ci paraissaient causer à voix basse; ceux-là allaient et venaient comme des serviteurs empressés. Après ce vestibule, nos deux voyageurs traversèrent plusieurs salles remplies de chevaliers et de nobles dames qui ne paraissaient pas voir les nouveau-venus. Ils entrèrent enfin dans une pièce moins vaste que les autres, où il y avait une table dressée autour de laquelle circulaient des visages plus sinistres encore que ceux qu'ils avaient vus. Un seul homme était assis à cette table. Philippe n'eut pas de peine à le reconnaître, c'était le Sire à la main sanglante. Il était là, sombre et silencieux, l'œil hagard et immobile. A l'arrivée de Philippe, il se leva lourdement, et lui fit signe de la main de s'asseoir vis-à-vis de lui. Le sire de Lévis frémit d'horreur : cette main était toujours tachée de sang.

On servit un splendide festin. Malgré la faim qui le dévorait, de Lévis n'acceptait aucun mets ; quant au Sire à la main sanglante, il n'y touchait pas non plus, aucun n'étant placé devant lui. A chaque service, un écuyer vêtu de noir déposait devant son maître une main fraîchement coupée, posée sur un riche coussin. Quand ce sinistre repas fut terminé, le singulier convive de Philippe se leva ; il jeta un regard de souffrance et de désespoir sur celui-ci, et se retira, précédé du même écuyer qui portait devant celui-ci une main encore saignante. Philippe leva les yeux ; il vit les murs tapissés de ce sanglant trophée. Cependant il ne restait plus personne dans la salle. Le guide de Philippe le prit par la main, l'amena dans la cour détacher son cheval, et lui fit signe de monter. Quand ils eurent fait quelques pas dans la forêt, Philippe l'interrogea sur le spectacle dont il venait d'être témoin.

Voici ce que son compagnon lui répondit :

— Il y a sept ans que celui que tu viens de voir subit le châtiment qu'il avait mérité par ses crimes. Lui, et tous ceux qu'il avait associés à sa vie, ne souffrent pas d'autre torture que de se trouver en présence de leur victime. Cependant le ciel a pris en pitié leurs souffrances ; la sainte Marie de Monségur a obtenu leur pardon, à condition qu'un légitime possesseur du château et de la ville de Mirepoix ferait bâtir un lieu de prières, en expiation des crimes du Sire à la main sanglante. Il peut refuser, ou consentir : Dieu lui en laisse la liberté.

Cela dit, l'esprit disparut.

Arrivé à Mirepoix, Philippe assembla les notables de la ville, et leur raconta ce qu'il avait vu. Tous décidèrent d'une commune voix que, puisque le ciel consentait au pardon des crimes dont ils avaient été victimes, il serait impie à eux de refuser ce pardon.

La même année (1370), les travaux furent commencés ; ils ne furent terminés qu'en 1402. Mais Philippe de Lévis ne borna pas sa munificence à l'érection d'une église, il y joignit un magnifique clocher qui est bien supérieur à l'architecture de celle-ci. Il fit aussi construire un beau palais épiscopal. Ces trois édifices témoignent seuls aujourd'hui de l'ancienne importance de Mirepoix.

XIII

LE RETOUR.

(IMITÉ D'UN CHANT LANGUEDOCIEN.)

LE CHEVALIER.

Allons ! mon vaillant palefroi de bataille. Allons ! le soleil décline, l'ombre s'étend dans la vallée. Là-bas, à l'horizon, se dresse la tour du château de mes pères. Allons ! plus de guerres, plus de combats : tu auras de vastes prairies où tu pourras t'abattre ; et moi, je vais revoir ma douce fiancée. Allons !...

LA PRAIRIE.

La joie de l'homme dure moins que les fleurs de mon vert tapis. Le temps est semblable au soleil ; il brûle ce qu'il a fait éclore. Assieds-toi sur la marge de mon sentier, chevalier au cœur ardent, laisse ton palefroi brouter l'herbe encore verte, que le faucheur ne m'a pas enlevée ; tu arriveras assez tôt pour la douleur et la mort.

LE SENTIER.

Ne dévore pas ainsi l'espace que je déroule devant toi. Encore une heure ! encore un instant ! Halte ! noble chevalier. Les aspérités de la vie sont plus rudes que celles que j'offre aux pas de ton coursier.

LA BRISE.

Celui-là est insensé qui n'écoute pas les avertissemens que j'apporte à son oreille. Moi, je sais m'arrêter pour respirer le parfum des vertes forêts et des prairies aux mille fleurs; moi, je prends sur mes ailes les bruits de guerre, les soupirs des amans, les sons mélodieux de la flûte du pâtre. L'homme marche haletant et sans repos vers une étoile lointaine qui l'abuse et qu'il n'atteindra jamais. Il respire l'espoir; l'espoir le nourrit de fumée.

LE CHEVALIER.

Ah! je ne sais quel sinistre bourdonnement arrive à mon oreille. Messire écuyer, avez-vous pas ouï des bruits de mort?

L'ÉCUYER.

Sire chevalier, c'est le vent qui courbe l'herbe de la prairie et les arbustes du sentier.

LE CHEVAL.

Pourquoi presser mes flancs de l'éperon?

Pourquoi fatiguer contre les pierres de la colline mon ongle usé par la cuirasse des morts? Le cavalier qui me monte ne me monte pas seul; je porte toujours avec lui la douleur et quelquefois la mort (1).

LE ROSSIGNOL.

Elle est morte! ma douce compagne. Le chasseur cruel l'a frappée sans pitié. Elle est morte! et moi je chante seul mon dernier chant sous la feuillée.

LA CLOCHE.

Voilez vos sons, éclats trop sonores de ma voix. Je suis un funèbre messager de mort. Que mes accens n'aillent pas porter avant l'heure la nouvelle qui brise le cœur et détruit le dernier espoir!

---

(1) Horace a dit : *Post equitem sedet atra cura;* et Boileau après lui : Le chagrin monte en croupe, etc.

LE CHEVALIER.

Ah ! je ne sais quel sinistre bourdonnement arrive à mes oreilles. Messire écuyer, avez-vous pas ouï des sanglots et un glas de mort ?

L'ÉCUYER.

Sire chevalier, c'est l'oiseau du bois qui chante sous la feuillée ; c'est la cloche du couvent qui sonne l'*Angelus*.

LES JEUNES FILLES DU HAMEAU.

De Profundis !... Voici la dernière heure, encore quelques pas, et la première d'entre nous sera descendue dans le séjour des morts. Fleur la plus belle, elle s'est flétrie sous le souffle du vent de mer ; étoile la plus brillante, elle s'est voilée à nos yeux ; âme la plus sainte, elle est remontée vers l'éternelle sainteté. Voici la dernière heure, encore quelques pas. *De Profundis !...*

LE CHEVALIER.

Ah! ce n'est pas l'*Angelus* que j'entends, c'est le glas funèbre qui doit briser mon cœur! Ce n'est pas le vent qui murmure à mon oreille, c'est le dernier soupir de ma bien-aimée! Ce n'est pas le chant des fiançailles qui s'élève dans la vallée, c'est le *De Profundis* qui accompagne les funérailles de ma fiancée! Malheur et deuil, je vous salue!... Mais vous n'userez pas ma vie. Mon cœur est mort!... Ma fiancée, je suis à toi!...

— Et le palefroi s'affaissa mourant sous le chevalier, et le chevalier expira à côté de lui.

XIV

SAINT GUILLEM DU DESERT.

A quelques lieues de Montpellier, entre Aniane et Lodève, on trouve une vallée riante qui forme une sorte d'oasis au milieu d'un pays âpre et sauvage. De hautes montagnes couvertes de plantes aromatiques l'entourent de toutes parts, et la dérobent aux yeux du voyageur. La vigne et l'olivier croissent dans la plaine, et rendent le paysage aussi riche que varié. A la seule extrémité accessible, coule l'Hérault, qui, resserré entre deux rochers, s'élance avec fracas d'une assez grande hauteur. Ses eaux, dans leur course rapide, font jaillir une écume bleuâtre qui reçoit du soleil l'éclat d'une poussière transparente et dorée; plus bas, devenues calmes et limpides, elles réfléchissent l'azur des cieux et les teintes plus sombres des rochers. Un pont jeté d'un bord à l'autre sur deux énormes masses calcaires taillées à pic joint le désert à la fertile plaine d'Aniane ; on l'appelle le pont de Saint-Jean de Fos. Le lieu que nous décrivons se nommait autrefois Gellone ; il porte aujourd'hui le nom de Guillem du Désert.

A l'entrée de cette vallée, et comme pour faire contraste avec la culture qui atteste partout la main de l'homme, s'élève une antique abbaye à moitié ruinée, et au-dessus de cette abbaye, un château féodal dont il reste encore moins de vestiges. Le monastère a eu pour fondateur le duc Guillaume. On ignore par qui fut bâti le château ; il nous paraît à peu près contemporain de l'abbaye.

Voici deux légendes que la tradition a conservées jusqu'à nous sur les lieux que nous venons de décrire.

I

Guillaume, duc de Toulouse, et parent de Charlemagne, célébré par les poètes du moyen âge sous le nom de Marquis-au-Court-Nez, pacifia l'Aquitaine, et la défendit contre les Sarrazins d'Espagne. Après d'aussi glorieux travaux, il aurait pu goûter en paix les charmes du repos ; mais son esprit était trop actif pour se complaire en une molle oisiveté ; il voulut, à la gloire d'un conquérant, joindre celle d'un pieux fondateur d'abbaye. La solitude de Gellone lui ayant paru favorable à son projet, il résolut de s'y fixer.

Au IX° siècle, Gellone était un désert aride, couvert de buis, de chênes et de sapins ; les ronces y étendaient partout une luxuriante végétation ; et il n'avait pour habitant qu'un géant à forme humaine, dont les meurtres et les déprédations répandaient au loin la terreur. Un poème du moyen âge le dépeint ainsi :

« A travers le pays, se démène un géant hor-
« rible à voir, également cruel pour les femmes
« et les enfans : quand il les surprend, il les
« étrangle ; quand la faim le presse, il les
« mange... Il rôde à travers rochers et mon-
« tagnes, et toute la contrée est tremblante
« d'effroi. Le païen a quatorze pieds de stature ;
« sa tête est monstrueuse ; ses yeux sont grands
« et ouverts. Il a déjà tué dans le jour quatre
« hommes qui n'ont pas eu le temps de se con-
« fesser, et un abbé avec sept de ses moines. Il
« est armé d'une massue si bien ferrée, qu'un
« homme, quelle que fût sa force, ne la soule-
« verait point sans se rompre les nerfs. »

Le duc Guillaume, qui, pour être moine, n'avait point oublié qu'il était gouverneur d'Aquitaine, fit sommer le monstre par deux hérauts d'armes de venir lui faire hommage de son château. Le géant répondit par des bravades. Le duc emporté par son courage lui offrit alors le combat; mais le félon lui fit répondre qu'il l'attendait dans son castel, et qu'il ne ferait pas un pas vers lui.

Le duc vit le piége, et ne s'y laissa pas prendre : ne pouvant employer la force, il eut recours à la ruse.

Un jour qu'il rôdait autour du Verdus (c'était le nom du château du géant), il vit venir à lui une jeune fille qui portait un vase sous le bras, et allait puiser de l'eau à la rivière.

— A qui appartenez-vous? lui dit le duc.

— Beau sire chevalier, répliqua la jeune fille, je suis au service de monseigneur le géant.

Une pensée soudaine traversa l'esprit de Guillaume.

— Maudit soit le géant! s'écria-t-il; car sa soif le perdra!...

Et s'adressant à la servante :

— Vous allez changer d'habits avec moi, et, ce faisant, vous me rendrez un service dont vous serez largement récompensée.

— Mais, beau sire, mon maître me tuera.

— Il sera mort avant de pouvoir le tenter.

La jeune fille n'osa pas résister; elle se retira derrière un quartier de roche. Guillaume lui passa une à une les pièces de son armure, et en reçut en échange les grossiers vêtemens dont il s'affubla. Cela fait, il attendit que la nuit fût venue; puis il prit le vase sous son bras, et à la faveur de son déguisement, il s'introduisit dans le château.

Mais, à ce moment, son projet faillit échouer par une circonstance qu'il n'avait pu prévoir. Une maudite pie le reconnut, et aussitôt elle se mit à crier :

— Gare Guillem ! Gare Guillem !...

Le géant, qui ne se doutait pas que le danger fût si proche, courut à une des fenêtres pour observer les dehors du château. Au même intant, Guillaume saisit le monstre par les pieds, et le précipita sur les rochers où il se brisa.

Quant à la pie, le saint voulut aussi la punir. Il prononça contre elle un anathême qu'il étendit à toutes les pies de la contrée. Les vieillards du pays assurent que depuis lors elles ne peuvent jamais y vivre plus de trois jours.

II

Délivré de son ennemi, Guillaume construisit son monastère, et le château du Verdus en devint une des dépendances. Cependant l'esprit du mal n'avait pas entièrement disparu avec le géant. Guillaume, qui allait souvent visiter son ami saint Benoît au couvent d'Aniane, voulut construire un pont sur l'Hérault, au lieu ordinaire de sa traversée; mais là encore, il trouva le génie malfaisant qui tenta de s'y opposer. Le diable veillait dans les ténèbres, et renversait la nuit ce que l'homme de Dieu avait édifié à grand'peine pendant le jour. Celui-ci ne se décourageait pas : il espérait à force de constance faire lâcher prise à Satan. Il n'en fut rien : la nuit venue, des sifflemens se faisaient entendre, et tout-à-coup un grand bruit annonçait que l'œuvre de la journée avait disparu dans le gouffre. Guillaume se lassa de cette lutte sans fin ; il appela le diable en conférence, et fit un pacte avec lui. Il en obtint qu'il pouvait construire son pont, à condition que le premier passager lui appartiendrait. Le saint, plus rusé que Satan, fit connaître le marché à tous ses amis pour les en préserver; puis il lâcha un chat qui le premier traversa le pont, et dont Satan fut bien forcé de se contenter.

Depuis ce temps, dans ce pays, les chats appartiennent au diable, et le pont à saint Guillem.

XV

GABRIEL.

LÉGENDE DU DIX-NEUVIÈME SIÈCLE (1).

Le siècle où nous vivons est fécond en souffrances morales. Depuis cinquante ans, les douleurs sans nom de l'humanité en travail ont fourni aux poètes des types nombreux et lamentables. Werther, René, Obermann ont mis à

---

(1) Quoique cette étude s'éloigne du genre de celles qui précèdent, nous croyons qu'elle peut s'y rattacher. Les récits naïfs

nu les plaies qui nous dévorent; mais les douloureuses monographies de ces êtres imaginaires ont-elles guéri beaucoup de malades réels? Nous ne le croyons pas. Werther a élargi d'une manière effroyable l'effroyable plaie du suicide. René a fait fermenter dans les plus jeunes têtes le levain des délires désordonnés. Obermann a fourni de nombreux prétextes à l'impuissance de l'ennui. Peu d'hommes sont assez forts pour se guérir d'un mal qu'ils aiment, et qu'on leur a présenté comme entouré d'une auréole de grandeur et de poésie.

Dans les époques de transition ou, si l'on aime mieux, de transformation, alors que de grandes catastrophes sociales ont déplacé les

des vieux temps ne sauraient se retrouver dans un siècle où la raison a voulu se rendre compte de tout : leur filiation s'arrête là où la foi manque. Mais si une légende est le récit d'un miracle, c'est-à-dire d'un fait exceptionnel accompli par une sainte et énergique volonté, avec le concours de Dieu, nous avons pu intituler la vie de Gabriel, légende du dix-neuvième siècle, car il a accompli le plus grand de tous les miracles, celui d'une conduite pure et ferme, et d'une sainte mort au milieu d'une époque d'ébranlement et d'hésitations.

existences et remué un grand nombre d'idées, il importe de rechercher les exemples d'abnégation et de fermeté, et non pas de colère et de dédain. Il ne faut pas venir dire aux hommes : — Vous souffrez; la société est pour vous une mère avare ; le sol de la patrie se dérobe sous vos pas. Eh bien! reniez la société qui vous repousse; retirez-vous de ce monde qui vous refuse une place au soleil. Sachez mourir comme Werther ; isolez-vous comme René ; consumez-vous dans l'inaction comme Obermann.—Non, il faut dire aux hommes : — Plus les temps sont difficiles, plus les devoirs sont sévères. Sachez travailler et souffrir ; ne maudissez ni la vie ni la destinée. L'anathème est l'arme du faible. Le travail et l'abnégation, voilà ce qu'il y a de grand et de vrai. La terre vous manque, levez la tête ; et si vous mourez, mourez les yeux au ciel.

Quelque austère que soit ce langage, il serait compris, surtout s'il était proféré par quelqu'une de ces bouches éloquentes qui ont si admirablement poétisé le dédain et le désespoir. D'ailleurs, on pourrait trouver dans la réalité des exemples de vies obscures, sublimes d'abnégation et de fermeté ; nous avons vu sous nos yeux s'éteindre une de ces jeunes vies, qui aurait peut-être jeté un éclat brillant, si elle n'eût été dévorée par la souffrance. Mais ce n'est pas une tâche facile que de raconter la vertu. Là où les événemens manquent, le drame intérieur des passions doit y suppléer. On aime assez qu'un héros se drape dans sa douleur, et lutte avec l'orgueil du désespoir. Les douleurs acceptées n'intéressent guère. La simplicité des pures émotions ne plaît qu'au petit nombre. Nous savons tout cela. Eh bien ! humble et petit que nous sommes, nous n'hésiterons pas ; nous voulons raconter simplement la vie d'un pauvre jeune homme qui a succombé, non pas le blasphème à la bouche, mais le regard au ciel, et bénissant le monde qui l'avait repoussé. Nous n'inventerons rien ; d'autres ont été témoins de cette vie ; et au besoin, nous en appellerions à leur témoignage de la vérité de ce récit. Nous croyons aussi devoir voiler le nom de ce jeune homme. Ce chaste nom, qui aurait pu devenir célèbre, doit rester dans l'oubli auquel il s'est condamné lui-même. Si notre récit peut relever quelque jeune courage prêt à défaillir, ce sera plus de gloire que n'en eût espéré jamais notre malheureux ami; ce sera la plus belle récompense de cet humble travail.

Gabriel naquit en 1812, dans un petit village du Midi, voisin de Montpellier. Par son père, il descendait d'une famille de robe, qui avait conservé les traditions sévères de l'ancienne magistrature; par sa mère, il appartenait à cette noblesse d'épée, qui ne sortait de sa province que pour aller se mettre au service du roi et de la patrie. Riches encore, les deux époux vivaient à la campagne, assez près de la ville, pour veiller à l'éducation de Gabriel et à celle d'une fille nommée Thérèse, qui est restée le seul rejeton de cette famille

Dès son enfance, Gabriel entendit son père se plaindre du présent avec sévérité, parler du passé avec regret, juger l'avenir avec défiance. Le vieux comte avait toujours à la bouche quelque austère précepte sur l'honneur, sur l'inviolabilité des engagemens, sur le respect dû aux femmes et aux vieillards, toutes choses qui, nous devons bien l'avouer, ont reçu de rudes échecs du bouleversement des empires et de l'indépendance de l'éducation. La mère de Gabriel tempérait ces graves enseignemens ; elle l'instruisait dans les devoirs d'une douce piété ; elle lui faisait aimer ce que son père lui apprenait à respecter et à craindre ; elle représentait auprès de lui le côté tendre et poétique de toute organisation humaine.

L'enfance et la jeunesse de Gabriel s'écoulèrent donc à la campagne. Un vieil abbé fut placé auprès de lui comme précepteur : il entrait parfaitement dans les idées du comte de C... Même austérité de principes, mêmes vues sur le monde et le siècle. Quant à l'instruction, l'abbé en possédait assez pour que son élève pût échapper long-temps au séjour dangereux et abhorré du collége.

Cette éducation sévère et mystique, développa le caractère de Gabriel dans un sens qui lui était déjà naturel, la pureté et l'austérité. Peut-être aussi, en le séparant du monde et de ses habitudes, peut-être le rendit-elle peu propre à la lutte que l'avenir lui réservait? L'enfant, devenu homme, ne fléchit pas devant le devoir, mais le devoir le consuma. Quoi qu'il en soit, Gabriel aimait à se reporter vers les souvenirs de cette enfance, purs comme le ciel méridional, dont le dôme s'arrondissait sur sa tête. Dans les instans d'épanchement auxquels il se livrait auprès de nous à Paris, il nous en a dit souvent tout le charme et toute la grâce. Les études matinales pendant que les oiseaux chantaient sous la fenêtre; les distractions doucement réprimandées par le vieux précepteur, quand l'élève oubliait, le livre entr'ouvert, pour écouter les harmonies du grand livre de la nature; les courses joyeuses sous les arbres des vertes allées; les grandes joies des petits plaisirs du jeune âge; et puis le soir, la prière en commun, la voix de la mère s'élevant vers le ciel au milieu des serviteurs assemblés; telle fut la source des poétiques et suaves émotions de l'enfant, qui décidèrent de l'avenir du jeune homme.

Gabriel vécut de cette vie jusqu'à l'âge de quatorze ans. A cette époque, il fut placé au collége de M..., où je l'ai connu. La conformité de l'âge, des goûts et de l'éducation, nous lia bientôt d'une tendre amitié. Plein d'ardeur pour l'étude, il stimulait souvent ma coupable paresse. Bon et indulgent, il ne se prévalait pas de la supériorité que lui valait son application. Les vacances passées ensemble chez un de mes oncles, resserrèrent encore les liens de notre fraternelle amitié.

A cette époque se rattache le plus touchant souvenir de sa vie.

Le château que nous habitions réunissait tous les ans à l'automne un certain nombre d'amis du voisinage. Parmi les jeunes filles qui venaient y accompagner leur mère, il en était une blonde et rêveuse, dont la disposition d'esprit était en harmonie avec celle de Gabriel. Ce fut elle qui lui fit faire le premier pas sur cette route des affections humaines, où chaque halte est marquée de tant de larmes. Les deux enfans n'allaient pas même jusqu'aux plus innocentes confidences, et cependant ils se comprenaient. Un coup d'œil, un livre échangé, une émotion commune pendant une lecture, ils ne furent jamais au-delà. Mais, que leur importait? A cet âge, on est si riche de bonheur, parce qu'on est riche d'émotions! Gabriel s'en allait par les bois épancher librement les poétiques et frais sentimens qui le débordaient. Il s'asseyait, le coude dans la main, l'œil fixé sur quelque poète qu'il ne lisait pas (quel poète vaut un cœur de seize ans)! et là, il confondait, dans une muette contemplation, et Dieu et la nature, et l'infini et son amour. Je me souviens des larmes versées au jour du départ. Hélas! il ne devait plus la revoir. La jeune fille, devenue femme, est entrée dans la vie avec d'autres devoirs; peut-être même a-t-elle oublié ce cœur qu'elle a fait battre pour la première fois, ce cœur qui a cessé de battre, et dont les émotions ne vivent plus que dans ces pages qu'elle ne lira pas.

La fin des études de Gabriel le sépara de moi ; j'appris seulement qu'il avait perdu sa mère, et qu'il était à ***, où il suivait les cours d'une école de droit. Pendant six ans, nous nous perdîmes de vue. Quoi qu'on en dise, les amitiés de collége sont rarement durables. On ne se connaît guère avant d'avoir été soumis aux épreuves du monde. Il faut être homme pour pouvoir se choisir un ami. Cependant, à mon premier voyage à Paris, j'éprouvai le désir de revoir Gabriel, que je savais s'y être fixé. Je m'informai de son adresse ; et, dès mon arrivée, je me rendis chez lui.

Je le trouvai dans une petite chambre de la rue des Fossés-Saint-Jacques : il était là, grave et recueilli au milieu de ses livres ; vieilli par le chagrin bien plus encore que par l'étude. Par la porte entr'ouverte d'un cabinet voisin, j'aperçus une petite fille de dix ans, qui jouait silencieusement, et comme si elle eût craint de troubler les études de son frère. Cet intérieur avait quelque chose d'une tristesse calme et religieuse qui navrait le cœur. A voir ces meubles rares et délabrés, ce carreau froid, ce papier fané qui recouvrait les murs, on devinait la lutte incessante de l'infortuné qui habitait ce réduit; il en portait d'ailleurs sur le front les traces évidentes. Ses joues étaient pâles et amaigries, son œil brillait d'un feu sombre et fiévreux. A ma vue, il se leva d'un air surpris et presque mécontent. Je compris son hésitation; c'était celle de l'être qui souffre et qui aime à cacher ses souffrances. Je lui parlai comme autrefois; je lui tendis la main : il la serra avec effusion. Nous nous assîmes, et nous ne tardâmes pas à reprendre mutuellement toute la confiance passée.

Ce fut alors que Gabriel me raconta sa vie depuis notre séparation. Je le laisse parler; cet épanchement est aussi présent à ma mémoire que s'il datait d'hier.

« Nous sommes sortis du collège à une époque d'agitation qui a dû laisser de profondes traces dans votre esprit. Pour moi, la date de 1830, coïncidant avec mon entrée dans le monde, m'a vivement impressionné. C'est vers le milieu du mois d'août que je revins au château de mon père. Ce retour fut triste et d'un effet peu attendu. En traversant les villes et les campagnes du Languedoc, j'apercevais sur toutes les figures une animation inaccoutumée; ce n'était ni de l'enthousiasme ni du regret, c'était plutôt de l'appréhension. Mon père était triste; et pendant toute la route, les rares paroles qu'il échangea avec moi roulèrent sur les vaines tentatives des révolutions; ses vues sur l'avenir étaient plus sombres et plus amères qu'à l'ordinaire. Quoique la commotion qui venait de soulever la France compromît gravement sa fortune, ce n'est pas à elle que s'adressaient ses plaintes et ses regrets. Ma mère se jeta en sanglotant dans mes bras; ses premières paroles furent pour déplorer les malheurs de cette royale famille qui s'acheminait encore une fois vers l'exil.

« Ces chagrins avaient porté un grave coup à la santé de ma mère; elle tomba malade, et peu de mois après, la mort me l'enleva. Ce fut la première douleur qui me brisa l'âme; j'étais déjà assez homme pour comprendre toute l'étendue de mon malheur. Ma mère était un lien nécessaire de sympathie entre mon père et moi. Il était sévère, moi peu expansif; nos larmes nous brûlaient la paupière, parce que nous ne savions pas les épancher. Le premier moment passé, il fallut songer à donner une direction à mes idées vers des études. Mon père était ainsi : il faisait de la vie humaine une roue inflexible mue sans cesse par le devoir, et qui ne devait s'arrêter pas même quand elle brisait le cœur. Je partis donc; je suivis sans trop y penser le banal torrent de la foule; je me rendis à une école de droit.

« Après juillet 1830, vous savez ce que devinrent les écoles : la lutte entre le principe monarchique et le principe démocratique, lutte commencée sous la restauration, continua avec plus d'acharnement que jamais. Tous ces jeunes esprits, brûlés par la fièvre des révolutions, se jetaient à corps perdu dans les théories violentes et dans les extrêmes. Mes antécédens de famille, mon éducation et mon nom m'avaient donné une opinion où mon choix n'avait rien à faire. D'ailleurs, la cause du malheur, la protestation contre la force brutale, les idées d'ordre et de droit qui m'étaient naturelles répondaient trop à tous les instincts de mon âme jeune et facile aux impressions pour que j'eusse voulu suivre une autre ligne que celle qui m'était toute tracée. Je menai donc avec ardeur cette vie brûlante d'émotions politiques dont le suprême bonheur aurait été l'odeur de la poudre, la défense en action de nos théories. Cette vie était peu propre à l'étude ; aussi, comme elle ne suffisait pas à notre élan fiévreux, nous y joignions des écarts que nous appelions des plaisirs. Et même, ces luttes journalières et ces orgies ne pouvant suppléer aux événemens, je m'aperçus bientôt que je me consumais dans une dévorante inaction. D'ailleurs j'acquis la certitude que notre enthousiasme était un instrument dans la main de quelques ambitieux. Le dégoût et le découragement s'emparèrent alors de moi ; je me retournai vers l'étude, mais travaillant sans plan arrêté, lancé dans une voie qui me déplaisait, ne sachant ni où j'allais, ni ce que je voulais, il me prit une lassitude immense avant d'avoir rien fait.

« Un nouveau coup vint mettre fin à ces hésitations. Mon père mourut. Rappelé auprès de lui quelques heures avant sa mort, je pus recueillir son dernier soupir. Ce fut là un moment solennel.

« Gabriel, me dit mon père, je laisse devant
« vous des charges bien pesantes, des devoirs
« bien graves. Ma fortune est à peu près rui-
« née. Vous n'avez d'autre patrimoine qu'une
« jeune fille dont vous allez être le seul appui,
« et une position à conquérir pour vous-même.
« C'est là un cruel tourment que de laisser ainsi
« deux pauvres enfans, seuls dans le monde,
« sans ressource, sans amis et sans pain. Soyez
« donc courageux et fort, ô mon fils; pensez à
« votre mère que je vais rejoindre, à votre
« père dont les efforts ont été impuissans pour
« vous. »

« Puis attirant ma sœur et moi dans ses bras,

il ajouta : « Adieu, mes enfans! puisse ma bé-
« nédiction vous porter plus de bonheur que
« mes efforts pendant ma vie ! »

« Cette étreinte de mon père, ces larmes que je voyais couler pour la première fois de ses yeux, les sanglots de ma petite sœur, quelle douleur et quel moment! Cependant mon père serrait un crucifix sur sa poitrine comme pour se donner la force d'accepter le calice jusqu'à la lie. Il nous jeta un dernier regard; je m'élançai vers lui, ce n'était plus qu'une mortelle dépouille.

« Après ces cruels momens, j'éprouvais le besoin de me livrer en paix à ma douleur. Hélas! mon ami, le pauvre n'a pas même le droit de souffrir en silence. Ce n'est pas un homme : il ne possède rien. Mon père mort, les créanciers se précipitèrent sur ces dépouilles; le château fut vendu. Les détails de cette semaine furent horribles. C'est à peine si on laissa refroidir le lit de mon père pour en examiner la valeur, et le livrer à la curiosité des acheteurs.

« Un matin, un homme d'affaires me remit une petite somme, m'annonçant que toutes les formalités étaient remplies. Je pris ma sœur par la main, et je sortis de cette demeure où la misère avait été plus forte que la mort.

« Je partis pour Paris, où au moins je pouvais espérer me dérober à quelque chose de plus affreux que la misère, aux protestations des amis qui vous poursuivent de leur stérile pitié. »

Ainsi parla Gabriel.

Son récit s'arrêta au moment de son arrivée à Paris. Je ne lui en demandai pas davantage. Il est des souffrances que l'on ne raconte pas même à un ami. On parle avec liberté des maux passés; on voile les douleurs présentes, celles de tous les jours et de tous les instants. Mais je n'avais qu'à regarder et à voir pour être initié à celles de Gabriel.

Il faut signaler ici un retour qui n'a été qu'indiqué dans son récit; quoique façonné dès l'enfance aux exigences du devoir, il avait subi la loi commune à toute organisation ardente dans ce siècle de doute où nous vivons. Il revint bientôt sur ces impressions; il n'était pas de ces âmes lâches qui se laissent abattre, et qui s'enveloppent de leur désespoir en criant contre la société qui les blesse; il accepta bravement la vie, et ne s'usa point en plaintes et en protestations. Mais, pour être contenu, le feu qui le dévorait n'était pas moins violent; et il jetait de temps à autre de terribles lueurs. Alors, s'il souffrait trop, il invoquait quelque grave et consolante pensée, et il se relevait plus fort et plus résigné.

Nous ne croyons pas que Gabriel fût poète; il a pourtant quelquefois cadencé ses pensées. Deux fois il a écrit ses vers; mais il préférait épancher librement ses émotions sur les touches d'un sonore clavier. Nous avons retrouvé dans ses papiers le brouillon d'une de ses poésies. Il signale le moment où il entra dans cette voie austère qu'il a suivie jusqu'à son dernier jour. En voici un fragment :

A UN AMI ABSENT.

Ami, ces jours derniers, l'âme triste et lassée,
Je cheminais sans but, seul avec ma pensée,
Cherchant à secouer son accablant fardeau ;
Mais ni l'air, ni le ciel qui se mirait dans l'eau,
Ni l'aspect merveilleux des vieilles cathédrales
Qui dressaient devant moi leurs têtes colossales,
Ni le parfum des fleurs, ni la tiède saison,
Ni les feux du soleil colorant l'horizon,
Ni le bonheur de vivre et d'ouvrir la narine
A la brise d'avril qui gonfle la poitrine,
Rien ne put écarter le souvenir amer
Qui me courbait le front comme une main de fer.

Ami, c'est que, vois-tu, lorsque de notre enfance
Les jours pleins de bonheur, de molle insouciance,
Pour notre cœur flétri sont perdus à jamais ;
Quand il ne reste plus ni l'espoir ni la paix,
Et que les faux plaisirs, de leur triste folie,
Au fond de notre coupe ont déposé la lie,
Il vient un jour fatal où la réalité
Répand autour de nous une affreuse clarté :
Puis toujours et partout nous suit cette pensée,
Que comme un vain jouet, d'une main insensée,
Nous avons à plaisir brisé notre bonheur,
Et que, pour contenter une inquiète ardeur,

Nous avons méconnu tout ce qui fait la vie,
La prière et l'amour, le ciel et la patrie.
Hélas! que faire alors? tombés avant le soir,
Avant d'avoir atteint le but, avant de voir
S'il est quelque oasis derrière la montagne,
Les pieds sanglans, couchés sur l'aride campagne,
Sans passé ni présent, plus rien autour de nous!
Quel destin! quel réveil! Un impuissant courroux
En vain veut éloigner la coupe trop amère,
Le désespoir nous roule en son affreux suaire!...

Mais qu'est-ce qu'un regret? Un retour impuissant,
Un amer souvenir sans cesse renaissant!
Si nous voulons sauver ce qui reste en notre âme
De force, d'énergie et de sublime flamme,
Vers un but glorieux portons nos pas plus sûrs;
L'avenir! l'avenir! pour lui nous sommes mûrs.

. . . .
. . . .

Des jours évanouis la triste expérience,
Nos fautes, nos douleurs, toute cette souffrance
Qui tantôt nous faisait, éperdus et brisés,
Élever vers le ciel nos bras découragés,
Et tantôt nous mettait aux lèvres un blasphème,
C'est la leçon d'en haut, c'est le sanglant baptême
Qui doit vivifier notre futur destin.
Pourtant si quelquefois, au détour du chemin,

Fatigués, nous voulons regarder en arrière,
Qu'il nous souvienne, ami, qu'à son heure dernière
Le Christ, suant pour nous sa sanglante sueur,
Un instant repoussa la coupe de douleur;
Mais que, chassant bientôt cette humaine faiblesse,
Et sentant pour le monde une immense tendresse,
Il dit, en relevant ses yeux de pleurs voilés :
Mon Père, qu'il soit fait ainsi que vous voulez !...

Telles sont les courageuses pensées dont Gabriel s'enveloppait comme d'une cuirasse qui le rendait invulnérable aux atteintes du désespoir. Et, certes, il eut besoin de tout ce courage; car la vie fut dure pour lui, et les souffrances l'assaillirent de toutes parts.

Le monde est organisé de telle sorte que pour la pauvreté les ressources sont en raison inverse de la position dans laquelle on est né. Appartenir à une classe élevée de la société, si l'on est sans fortune, n'offre qu'un obstacle de plus. Les professions libérales exigent toutes beaucoup de temps et d'argent avant de devenir lucratives. On n'est ni avocat, ni médecin, ni notaire, sans passer par de longues épreuves.

A son premier pas dans la vie, Gabriel se heurta à ces inextricables difficultés. Arrivé à Paris avec le grade dérisoire d'avocat, il se trouva bien plus au dépourvu que s'il eût su le plus infime métier. Et cependant, il fallait pourvoir aux besoins de tous les jours pour lui et sa jeune sœur. Dans cette extrémité, il alla frapper à la porte de quelques anciens amis de son père, qui le reçurent avec une froide réserve, et promirent du bout des lèvres de faire quelque chose pour lui. Gabriel comprit ce que valaient ces vagues promesses, et il se retira dégoûté à jamais de toute sollicitation. Il se résolut à prendre le monde par le plus bas échelon, parce que, disait-il, le plus court moyen est toujours celui qui est à notre portée.

Ce fut alors qu'il vint loger rue des Fossés-Saint-Jacques. Là, il fit connaissance avec un jeune homme pauvre comme lui, qui vivait des copies qu'il faisait pour un bureau d'écritures. Ce jeune homme offrit à Gabriel de lui procurer un travail semblable. Cette proposition fut acceptée avec joie ; et, dès lors, sûr de ne pas mourir tout-à-fait de faim, Gabriel organisa sa vie pour un travail écrasant, mais sans lequel il n'aurait pu espérer aucun avenir.

Il se levait à cinq heures du matin. Pendant l'hiver, il restait dans son lit, où il travaillait jusqu'à dix heures sans feu; l'été, il se mettait à sa table de travail. A cette heure, il donnait une leçon à sa petite sœur, apprêtait son mince repas; puis, après avoir confié Thérèse à une obligeante voisine, il partait pour les cours et les bibliothèques. A trois heures, il rentrait, se mettait à ses écritures, dînait, et passait la soirée entière à ce travail, qui lui donnait le misérable morceau de pain qu'il partageait avec sa sœur.

Pendant cette vie, qui a duré cinq ans, il apprenait les langues étrangères, refaisait ses études classiques, et les ramenait au point de vue de l'histoire. Il voulait concourir pour une chaire, où il se proposait de montrer l'unité de l'esprit humain dans les lettres, les sciences et les arts.

Cependant, il ne faut pas croire que son stoïcisme se soutenait toujours debout au milieu de ces cruelles épreuves. Cette lutte contre la vie, contre les autres, contre lui-même, le consumait. Quelles larmes amères il versait souvent le soir dans sa froide mansarde!..... Quels déchiremens intérieurs labouraient son cœur plein de sève et d'énergie!... Ses goûts, son éducation, ses habitudes, le portaient vers les choses élégantes, les jouissances élevées des arts, la contemplation de la nature; et il passait les plus belles heures de sa jeunesse le front courbé sur un travail aride, disputant au sommeil les heures de l'étude, aux besoins du jour le pain du lendemain.

Il finit pourtant par s'habituer à cette existence: il portait gaîment sa misère; et, comme il le disait en souriant, il préparait le chef-d'œuvre qui devait le révéler au monde. Une circonstance, indifférente en apparence, changea sa manière de vivre. Nous croyons en voir la raison dans la note suivante, trouvée dans ses papiers.

11 décembre 1836, après une représentation au théâtre Italien.

« La musique a été long-temps pour moi un adoucissement à mes maux. Pourquoi, ce soir, y ai-je trouvé une souffrance? La vie que je mène est-elle donc si solitaire que le moindre accident me trouble et me bouleverse? Ce soir, chaque note me brûlait le cœur sans l'élever. Je suis revenu avec une poignante tristesse ; il me semblait que le monde qui m'entourait avait une nature différente de la mienne ; j'étais comme un prisonnier qui est sorti une heure de sa prison. Ah! c'est que je suis vraiment prisonnier. A quoi me sert-il donc de m'enfouir ainsi dans une solitude qui me ferme l'aspect de la société. La solitude est une fatale disposition dans un siècle où tout s'agite. Il faut en sortir à tout prix, et demander au monde ma part dans le spectacle de ses joies et de ses douleurs. »

Depuis ce jour où il crut que l'isolement

lui était fatal, il voulut essayer des distractions. Il fit quelques visites, renoua d'anciennes liaisons, accepta des invitations. Ces changemens dans son genre de vie lui apportèrent des impressions toutes différentes de celles qu'il attendait. Les heureux du siècle ne sauraient jusqu'à quel point celui qui lutte avec les nécessités de chaque jour trouve tout difficile et embarrassant. Chaque soirée passée dans le monde coûtait à Gabriel de longues heures de travail et d'insomnie. Il en revenait d'ailleurs toujours plus abattu et plus mécontent de son sort. Le monde est un affreux désert, où l'indifférence dessèche et tue tout ce qui ne vit pas par lui et pour lui : il faut lui sacrifier beaucoup pour qu'il vous rende quelque chose. L'homme qui se livre à de sérieuses méditations solitaires, n'est qu'un embarras et un étranger au milieu des frivoles passe-temps et du langage léger d'un salon. Gabriel, alourdi par les veilles, timide par position, éprouva cette cruelle souffrance de tout homme qui sent sa valeur, et qui, faute d'une certaine dextérité de langage, ne peut point la produire au dehors. Cette tentative de sociabilité, si j'ose m'exprimer ainsi, fut donc pour lui une nouvelle source de souffrances.

Arrivé à ce point de cette douloureuse monographie, nous éprouvons un embarras. Le roman a pénétré de nos jours dans tous les détails de la vie privée; il a voulu pousser l'analyse jusque dans les replis les plus cachés; il a ouvert toutes les portes; il a violé tous les sanctuaires; il nous a promenés du boudoir de la grande dame à la mansarde de l'artiste; il a décrit minutieusement les meubles, les étoffes, les souffrances du pauvre, les fêtes somptueuses du riche; enfin, pour nous servir d'un mot consacré, il s'est fait aussi intime qu'il a pu. Puis, à chaque page, il s'est écrié : Voilà le monde! Voilà la vie! Quel monde et quelle vie!...

Dans ce monde, les grandes dames parlent un langage incompréhensible, les seigneurs ressemblent à des laquais, les jeunes hommes se drapent dans une misère orgueilleuse, les artistes sont pédans sans talent, présomptueux sans portée. Dans la société ainsi faite, il est d'usage que celui qui est repoussé se jette dans le vice et la débauche pour s'étourdir et se consoler.

Pour les lecteurs habitués à ces mensongères peintures, notre récit va donc manquer de vraisemblance; tant mieux, car pour les autres la vérité y conservera tout son caractère. Gabriel, pauvre, déshérité de toutes les joies, ne se jeta pas à corps perdu dans la fange; il ne se crut pas méconnu. Et cependant il réunit toutes les souffrances; il souffrit les tortures de la faim et les tortures plus terribles encore du cœur. Touchons saintement à la plaie la plus saignante de cette sainte vie. L'amour, cette pure union de deux êtres, le plus grand mystère et le plus beau de la création, la plus noble prérogative, puisque Dieu a voulu s'appeler amour : *Deus charitas est;* le premier, le plus complet de tous les sentimens, voilà ce que le pauvre Gabriel pleura toute sa vie. Ce n'était pas cette ardente passion qui rugit et dévore, que le temps emporte d'un souffle, qui ne laisse après elle que le ravage et la mort ; ce n'étaient pas ces excès furieux, tels que l'on s'est plu à les peindre, et dont je ne veux pas même ici rappeler le hideux caractère. Gabriel avait rêvé une union durable, un commerce embelli par les grâces de la vertu, sanctifié par les idées d'ordre, de pureté, d'éternité. Il regardait ce chaste amour comme le don le plus magnifique de la religion du Christ, le seul abri qui reste à tout cœur élevé qui pèse le monde et la société présente à leur juste valeur. Eh bien ! la misère le lui refusait : le sacrifice devait être complet, et le premier holocauste qu'il devait immoler, c'était ce cœur qui ne demandait qu'à aimer. Nous n'insisterons pas davantage : les âmes pures qui ont souffert de cette blessure, qui ont demandé au siècle ce qu'il a fait des asiles de la paix offerts au désespoir pour des maux sans remède, celles-là comprendront la plus cruelle épreuve de Gabriel.

Pourtant ne donnons pas lieu de croire que notre ami fût au-dessus de toute faiblesse humainé ; chancelant, atteint quelquefois de la lèpre dévorante du doute, il souffrit d'autant plus qu'il ne se résigna pas tout d'abord. Pendant deux hivers, il essaya du monde ; mais trop droit, trop fier pour lui, il en revint encore plus meurtri. Voici des pages qui signalent ce retour.

9 février 1837.

« Lorsque j'ai trouvé la solitude trop pesante, et que j'ai voulu revoir le monde et me livrer à ses joies, il en est presque toujours résulté une impression qui m'a humilié et que je bénis aujourd'hui. Pour celui qui n'a ni famille, ni fortune, ni célébrité, ni patrie (Paris n'est point une patrie), pour celui-là, dis-je, le monde se montre avare et inhospitalier. Combien de fois, descendu de ma mansarde, et jeté au milieu des merveilles du luxe dans un salon resplendissant, j'ai éprouvé, après quelques minutes d'étourdissement, un vide affreux, une amertume inexprimable ! C'est que je sentais le monde m'admettre presque à regret, et me repousser comme par instinct. Pour lui, j'étais un chiffre sans valeur ; il me pressentait pauvre, et partant redoutable. J'ai entendu des philantropes, le sourire à la bouche, formuler ce raisonnement monstrueusement égoïste : « On ne devrait pas admettre à la vie du monde ces jeunes gens sans fortune, sortis de je ne sais d'où : ils s'exaltent, ils désirent ardemment ce que leur position leur refuse ; et s'ils sont énergiques, ils renversent ceux qui possèdent pour posséder à leur tour. » Eh bien ! ce raisonnement a quelque chose de vrai ; seulement, si vous leur refusez vos joies, donnez-leur du pain et du temps.

11 mars 1837.

« On dit que, dans un salon, un habit et des gants vous rendent l'égal de tout le monde. Sans doute, c'est-à-dire que vous avez le droit de vous asseoir ou de rester debout à votre guise, comme votre voisin millionnaire. C'est là à quoi se borne cette égalité. A Dieu ne plaise que je veuille faire un crime à la société de ses préférences ou de ses sympathies ! Je n'ai rien :

vous ne pouvez attendre grand'chose de moi. Vous me rendez la monnaie de ma valeur. «Très bien, mais j'ai vos goûts, vos habitudes; comme vous, j'aime le luxe, les arts, les nobles loisirs. Je suis de meilleure race que vous; j'ai plus d'esprit que vous : ne sauriez-vous me faire une petite place au soleil? — Ma foi, mon cher, franchement, tant pis pour vous si vous êtes si parfait; impossible de vous *caser*. Mes principes m'interdisent toute sollicitation auprès du pouvoir; ou bien, tout est encombré; ou bien, votre demande me touche, mais j'ai promis... »

« Ainsi repoussé parce que je n'ai rien, il m'est interdit d'aspirer à rien. Reste le suicide.

« Eh bien ! non : reste l'étude, reste la vertu, reste Dieu !...

10 avril.

« La société ne saurait être organisée sans l'inégalité des conditions humaines. Pourquoi se plaindre; pourquoi demander pour soi l'exception de la richesse et des plaisirs? Le monde vu de près peut-il laisser au cœur tant de place à l'envie? Pour celui qui peut pénétrer dans ses frivoles pensées, ses coupables plaisirs, ses haines, ses tortures, le mépris fait bientôt place à l'envie, la pitié succède au mépris.

« Savez-vous ce qu'il nous reste, à nous déshérités des joies du monde? Nos cœurs peuvent brûler du feu sacré de l'enthousiasme et de l'amour ; une journée de soleil et de loisirs est pour nous un plus grand bonheur que toutes vos fêtes ; nous sommes riches d'émotions et de pensées. »

Nous avons choisi à dessein ces passages dans le journal de Gabriel, parce qu'ils marquent très bien les premiers pas de cette âme dont les blessures saignent encore. Peu à peu ces impressions diminuent ; le torrent cesse de gronder, à mesure qu'il s'étend dans la plaine, et qu'il y prend un cours tranquille. Le ton de Gabriel devient plus grave, plus résigné, plus élevé. Nous avons trouvé dans ses papiers ce singulier morceau qui montre le chemin parcouru :

HYMNE A LA DOULEUR.

« Courbe-toi, ô mon âme, sous la main qui te frappe; chante l'hymne de la douleur : c'est l'hymne de l'expiation. Souffrir, c'est plus que vivre, c'est apprendre à mourir.

« Douleurs du corps, tordez jusques à ma dernière fibre; ne laissez pas une place sans blessure. La matière est soumise à l'esprit; il s'élève par le sacrifice.

« Tortures de l'esprit, doutes amers, sombre découragement, farouche désespoir, labourez mon intelligence; ma main droite est pleine du bon grain que le Christ m'a donné.

« Souffrances du cœur, combats intérieurs, luttes implacables, purifiez-moi; consumez en moi le levain de la chair, l'impureté héréditaire du premier crime.

« Christ, pensée incréée, sacrificateur et victime, fais que les douleurs passagères de la vie m'élèvent à l'éternelle contemplation de la vérité.

« Courbe-toi, ô mon âme, sous la main qui te frappe; chante l'hymne de la douleur : c'est l'hymne de l'expiation. Souffrir, c'est plus que vivre, c'est apprendre à mourir. »

Ce chant n'était pas un simple caprice de poète; en célébrant la douleur, Gabriel était aussi stoïque que le martyr qui chante sur son bûcher. Cependant les souffrances morales et les maux physiques avaient usé sa vie; sa santé succomba au prodigieux travail qu'il s'était imposé. Replongé dans l'isolement et la solitude, il y puisa des forces nouvelles pour les derniers efforts de la lutte. Chose singulière! après avoir désespéré de tout, après avoir été repoussé par le monde et vaincu par la destinée, il se releva véritablement grand et fort. Sa nature se déploya dans toute sa richesse et sa puissance. La foi lui revint; la foi complète et vivifiante; elle remplit ses derniers jours de lueurs admirables.

Gabriel usé par la souffrance et le chagrin, et non par la maladie, resta debout presque jusqu'à sa dernière heure. Il ne s'abusa pas un instant ; il avait des pressentimens de sa fin, et ils le comblaient de joie. Quelques amis adoucirent cette longue agonie. Une parente éloignée voulut se charger de la sœur de l'infortuné jeune homme. Il demanda que l'enfant restât auprès de lui jusqu'à l'heure suprême.

— « C'est cette petite Thérèse qui m'a sauvé du monde, nous disait-il ; son sourire me fait du bien. On peut me pardonner cette dernière faiblesse. »

Puis il ajouta :

« Tranquille sur son avenir, je suis libre, et plus rien ne me retient à la vie. »

Le spectacle de cette mort sublime ne s'effacera jamais de ma mémoire. Gabriel ne s'occupa plus que de Dieu et de l'infini ; il ne tenait déjà plus à la terre quand la mort l'en sépara tout-à-fait. Un seul jour, la veille du jour fatal, il éprouva l'angoisse du regret. Un pâle soleil d'automne dorait sa fenêtre. Gabriel s'était levé un instant. Il jeta un regard attendri sur le

ciel, sur ses livres, sur sa table de travail.
Une larme mouilla sa paupière, et il laissa
tomber ces paroles :

« Mourir !... sans avoir rien fait ! »

Ce fut le dernier retour de la faiblesse humaine. Le vénérable prêtre qui était à ses côtés s'approcha du mourant, lui adressa quelques paroles ; le sourire revint sur ses lèvres.
Il ouvrit la Bible, et récita d'une voix émue le psaume *Super flumina Babylonis*. Cette lecture le fatigua beaucoup ; nous fûmes obligés de le reporter dans son lit, dont il ne sortit plus.

Gabriel est mort au mois d'octobre 1837. Il n'a rien laissé de complet ; quelques pensées, quelques vues éparses sur l'histoire des idées humaines, et une immense quantité de notes dont lui seul pouvait se servir, voilà tout ce que nous avons trouvé dans ses papiers. Nous avions formé le projet de réunir ces fragmens en un volume ; nous y avons renoncé, parce que lui-même ne le désirait pas. Une idée incomplète, disait-il, ne peut qu'être inutile.

Il ne restera donc rien de ce qu'il voulait tenter, rien, si ce n'est ce témoignage sans retentissement que lui consacre notre amitié. Gardons-nous toutefois de le plaindre : il a eu le rare bonheur de mourir debout et le cœur ferme. Dans ce siècle d'agitations et de doute, où les yeux des plus clairvoyans s'obscurcissent, où les pas des plus forts chancellent, c'est là une mort digne d'envie. Qui ne quitterait avec joie une terre où l'air semble devoir manquer à toute jeune poitrine ? Chaque jour les temps deviennent plus difficiles, les passions plus haineuses, les intérêts plus serviles, les ambitions plus effrénées. Les grandes renommées s'obscurcissent comme ces étoiles qui se brisent au firmament ; les événemens même se rapetissent comme les hommes. Heureux donc celui que la main de l'éternelle justice retire à elle, dans toute l'énergie d'une foi ardente et d'espérances consolantes !...

En terminant par une étude plus sévère ce volume écrit sous l'inspiration des vieux souvenirs nationaux, nous n'avons pas seulement obéi à la fantaisie poétique ; nous avons cédé à cette pensée que, dans une époque aussi tourmentée, les préoccupations du passé ne doivent pas être exclusives. Les jeux de l'imagination, pour si frivoles qu'ils soient, ne sauraient nous fermer le cœur aux souffrances présentes. De ces maux qui nous entourent, les plus affreux, les plus navrans sont ceux qui atteignent la partie vitale de la société, la génération sur qui repose l'avenir. Tous les jours les plus vigoureux de nos frères, les plus intelligens tombent avant l'heure, moissonnés par le doute et le désespoir. Ceux qui restent assis sur les bords d'une route si difficile jettent sur les morts un regard d'envie, en maudissant le sein qui les a portés. En présence de ce désolant spectacle, quelle imagination pourrait s'arrêter seulement aux inventions riantes de la poésie ? Il est une haute mission pour laquelle aucune voix n'est faible, aucun moyen petit ; quand un remède a calmé une douleur, si faible qu'ait été le soulagement, il faut l'annoncer à son frère. C'est pourquoi nous avons interrompu les souvenirs du passé pour vous redire une touchante vie dont le martyre nous a été d'un consolant aspect, au milieu des épreuves de ces temps mauvais. Si un seul cœur défaillant puise du courage à cette source qui a souvent ravivé le nôtre, c'est tout ce que nous aurons ambitionné. Aujourd'hui, la résignation est le seul abri qui reste aux cœurs blessés, aux intelligences malades, aux misères sans lendemain; la résignation conduit à la foi, et la foi sauvera le monde, si le monde doit être sauvé.

FIN.

TABLE.

Dédicace	III
Introduction	XVII
I. Orthon le farfadet	3
II. Madame Marguerite	21
III. La Fantaisie de Pierre de Béarn	37
IV. Le Chemin du Sel	43
V. Le Saut de l'Ermite	65
VI. L'Armure enchantée	75
VII. Le Mariage du Diable	149
VIII. Le Pas de Souci	167

IX. La Reine aux Pieds d'Oison	179
X. La Quenouille de Fer	205
XI. Le Portrait du Diable	217
XII. Le Sire à la Main sanglante	255
XIII. Le Retour.	271
XIV. Saint Guillem du Désert	277
XV. Gabriel.	285

FIN DE LA TABLE.

www.ingramcontent.com/pod-product-compliance
Lightning Source LLC
Chambersburg PA
CBHW052132230426
43671CB00009B/1218